하나님의 영원한 결혼

신부단장

하나님의 영원한 결혼

신부단장

초판1쇄 2021년 3월 25일

지은이 박완중
디자인 이른비와늦은비
펴낸이 이규종
펴낸곳 엘맨출판사
등록번호 제13-1562호(1985.10.29.)
등록된곳 서울시 마포구 토정로22
한국출판콘텐츠센터 422-3

전화 (02) 323-4060, 6401-7004
팩스 (02) 323-6416
이메일 elman1985@hanmail.net
www.elman.kr

ISBN 978-89-5515-700-0 03230

값 18,000원

하나님의 영원한 결혼

신부
단장

박완중 지음

엘맨
하나님의 사람을 만들어 가는 ELMAN

차 례

책을 펴내며 간절히 바라기는

때가 오래되매 주께서 예언하신 대로 마지막 때에 이르렀습니다. 처처에 기근과 지진, 테러, 홍수와 전염병들은 재난의 시작입니다.

믿는 사람들마저 정체성과 가치관의 혼돈 속에 휘말리다 보니 교회가 개혁이라는 미명 아래 세속 주의, 물질주의, 종교 다원주의로 세상과 짝한 지 이미 오래 되었습니다.

이때를 틈타 거짓 선지자가 많이 등장하여 진리를 왜곡하므로 혼란에 혼란이 더해지고 있습니다. 이미 세계적으로 정치, 경제, 문화, 종교 전반에 마지막 적그리스도가 출현할 준비는 충분히 되어져 있습니다.

성경의 역사를 보면 한 시대를 마감할 때마다 극도의 타락상이 드러났었고 그로 인해 하나님께 심판을 받는 일이 반복되어 왔습니다.

율법 시대를 마감하고 이방인 구원 시대인 은혜 시대가 시작된 지 약 2천 년이 지난 지금 세상은 타락할 대로 타락하여 하나님의 심판을 재촉하고 있습니다.

감사하게도 아직 수많은 사람들이 주일이면 교회에 나가 하나님을 예배하고 있습니다. 예수님은 "인자가 올 때 세상에서 믿음을 보겠느냐?"고 하셨는데, 하나님의 금 갈대 기준으로 척량(尺量)할 때 과연 믿음 있는 자가 얼마나 있을 지를 나 자신부터 생각해 봅니다.

하나님은 그 실제를 달아보시려고 앞으로 더 큰 환란과 고난의 때를 준비하고 계십니다. 이는 알곡과 쭉정이 신앙을 가려내는 과정이고 정결한 신부와 부정한 신부를 가려내는 일들이 될 것입니다.

때가 되니 대한민국을 비롯한 세계 각 곳의 교회에서 요한 계시록과 함께 신부 단장을 외치고 있습니다. 참으로 감사한 일입니다. 이 글을 쓰고 있는 필자 역시 벌써 27년째 요한계시록을 연구해오던 중에 '신부 단장'이라는 주제로 목회자 세미나와 국내외 집회를 이어 왔습니다.

처음에는 신부 단장이라는 말만 하여도 잘못된 것이라는 질타도 많이 받았는데, 이제는 기독교 TV, 각종 성경 세미나, 교회의 강단에서는 물론, 성도들의 입에서도 신부 단장이라는 말이 자연스럽게 오르내립니다.

사랑하시는 예수님의 인도로 지금까지 수많은 비판을 인내해 왔더니 오늘에 이르러서는 많은 종들과 성도들에게 전파되고 공감을 얻게 되어 얼마나 위로가 되고 힘이 나는지 모릅니다. 심지어 외국에까지도 신부 단장의 말씀이 펼쳐지더니 날이 갈수록 왕성해집니다.

수많은 종들과 백성들이 회개하고 주의 사랑으로 돌아오는 간증을 들을 때마다 주님께 더욱 감사할 뿐입니다.

많은 사람들이 '신부 단장'을 외치는데, 외치는 이의 기준에 따라 "성령 충만하면 된다.", "말씀을 알아야 된다.", "기도해야 한다.", "계시록을 공부해야 신부된다."... 가지가지 가르침이 등장하더니, 심지어 "영적으로 신부가 되었다, 또는 안되었다." 판단해 주는 판별사까지 등장하였습니다.

모든 것이 가하나 조심해서 분별해야 할 부분도 많이 있습니다. 사실 이러한 문제를 생각하다가 '확실한 신부 단장의 길라잡이'가 될 책이 한 권 쯤은 있어야겠다는 감동에 이 책을 내게 되었습니다.

하나님의 창세 전 계획이 신부 단장인 것을 볼 때 이 한 권에 모두 표현할 수는 없습니다. 다만 하나님의 목적 완성인 '신부의 이상'이 무엇인가를 말씀을 통하여 알아보고 단장해 가고자 할 때, 그 문을 열고 들어가서 길을 찾아가는 데 하나의 길잡이가 될 수는 있을 것으로 확신합니다. 그리고 더 깊은 내용들은 순차적으로 이어져 나올 책들과 인터넷 영상들을 통하여 전해 드리고자 합니다.

간절히 바라기는 이 책을 통하여 하나님의 목적인 신부의 새 빛이 드러나고 단장하는 지혜가 열어지기를 원합니다. 그리고 주님께서 곧 임하실 때 부끄러움 없이 신랑 앞에 거룩하고 아름다운 신부로 세워지기를 원합니다.

모든 면에 부족한 사람의 글이다 보니 표현에 미흡함이 많이 보이더라도 너그러이 용납해 주시길 바라며, 필자가 진정으로 전하고자 하는 본질적인 내용이 무엇인가를 파악하는 데 중심을 두시고 보셨으면 하는 바람이 있습니다.

끝으로 이 책이 편찬되어 나오기까지 인도해주신 우리 주 하나님께 모든 영광을 돌립니다. 그리고 히브리어 원어로 도움을 주신 전보영 목사님, 편집에 수고를 아끼지 않으신 국어교육학 전공 이영수 목사님, 문서 편집에 박재근 목사님, 멀리 LA에서 지원해 주시는 문화선교원 시전 대표 이인미 시인 전도사님께 감사를 드립니다.

특별히 마지막 때 사역을 위해 온 맘과 뜻과 정성을 다해 합력하는 엘림의 모든 종들과 여러 곳에 흩어져 사명 감당하고 있는 성도님들, 그리고 종과 뜻을 같이하여 인내하며 응원해 주시는 엘림정읍교회 성도분들께도 감사의 인사를 드립니다.

주께서 오늘의 수고를 하늘 생명책에 기록하시고 우리가 기대하는 그날에 칭찬이 있으실 줄 믿습니다.

신랑 예수님을 기다리는 길목에서
박 완 중 목사

신부 단장 길라잡이

성경은 창세(創世) 전에 계획하신 하나님의 목적과 경영과 완성을 기록한 책입니다. 이것을 한마디로 하나님의 경륜(經綸)이라고 합니다. 성경의 주제는 하나님과 그의 나라요, 성경의 중심 내용은 하나님의 아들 예수 그리스도와 그의 신부인 교회 이야기입니다.

너희가 성경에서 영생을 얻는 줄 생각하고 성경을 상고하거니와 이 성경이 곧 내게 대하여 증거하는 것이로다 요 5:39

성경에는 예수 안에서의 천지창조, 사단의 정체와 역사, 사람의 타락과 심판, 십자가를 통한 구원, 구원의 누림, 새 하늘과 새 땅의 창조를 통한 하나님의 계획 및 목적 완성에 대한 우주적 스케일의 웅대하고도 장엄한 내용이 담겨져 있습니다. 그러므로 성도의 믿음이 자라는 데 있어서 하나님을 아는 것이 중요한 만큼 성경의 말씀을 깊이 파고 들어가는 것이 절대적으로 필요합니다(딤전 4:5, 고후 3:18).

그러나 너는 배우고 확신한 일에 거하라 너는 네가 누구에게서 배운 것을 알며 또 어려서부터 성경을 알았나니 성경은 능히 너로 하여금 그리스도 예수 안에 있는 믿음으로 말미암아 구원에 이르는 지혜가 있게 하느니라 딤후 3:14-15

하나님의 형상으로 지음받은 사람이 사단의 미혹에 빠져 죄를 지음으로 그 형상을 잃어버리고 심판을 받았습니다. 사랑이신 하나님은 당신의 형상을 되찾게 하실 작정으로 새로운 계획을 완전하신 지혜와 지식과 열심으로 빈틈없이 완성해 내시는데, 이것을 구속사(救贖史)라 합니다.

죄를 지은 사람은 하나님과의 교제가 단절됨으로 인하여 영적 존재에서 육적 존재로 전락하고 말았습니다. 죄와 사망으로 육이 되어버린 사람들을 하나님은 포기하지 않으시고 그들이 알아듣고 돌이킬 수 있도록 수많은 말씀과 비유를 들어 구원의 뜻을 계시하셨습니다. 여러 가지 측면으로 설명을 하셨는데 최종 목적은 하나입니다. 그것은 하나님 형상을 회복하는 일이고 창조의 목적을 완성하는 것입니다.

여러 가지 측면으로 설명하셨다는 것은,
첫째, 가정의 측면에서 하나님은 아버지, 예수님은 아들, 성도는 많은 아들들입니다.
둘째, 농사의 측면에서 하나님은 농부, 예수님은 포도나무, 무화과나무, 감람나무, 생명의 씨인 한 알의 밀알, 성도는 나무의 가지와 많은 열매들로 계시되었습니다.
셋째, 나라의 측면에서 하나님은 왕 중의 왕, 예수님은 아버지께 모든 권세를 위임받은 땅의 왕들 중의 왕, 성도는 그의 백성입니다.
넷째, 건축의 측면에서 하나님은 건축주, 아들은 건축자이면서 모퉁이 머릿돌, 성도는 열두 문과 기초석을 포함한 건축의 재료이면서 건축자입니다.
다섯째, 결혼의 측면에서 하나님은 아들을 결혼시키는 아버지, 예수님은 신랑,

성도 곧 교회는 그의 신부요, 아내입니다.

이 외에도 구속의 측면, 성막의 측면, 사업의 측면, 창조의 측면, 군대의 측면 등 등의 여러 방면으로 설명이 될 수 있습니다. 우둔한 백성들이 하나님을 바르게 알고 구원받을 수 있도록 하나님은 이렇게 여러 방면으로 설명해 주셨습니다. 각각의 눈높이에 맞추셔서 그렇게 다양하게 설명하신 것은 결국 여러 방면의 열매들로 하나님 나라의 백성을 얻으시려는 것이며, 하나님의 자녀로 세우시려는 것이며, 신부를 얻으시려는 것입니다.

심지어 당신의 심오한 뜻을 알아차리게 하시려고 그 비밀의 열쇠들을 가시적인 만물 속에 담아 두시고 간절히 원하는 자들에게 열어 보여주시기도 하십니다.

창세로부터 그의 보이지 아니하는 것들 곧 그의 영원하신 능력과 신성이 그 만드신 만물에 분명히 보여 알게 되나니 그러므로 저희가 핑계치 못할지니라 롬 1:20

영원부터 만물을 창조하신 하나님 속에 감취었던 비밀의 경륜이 어떠한 것을 드러내게 하려 하심이라 엡 3:9

예를 들면 이 세상 가정을 통하여 하나님의 가정을 설명하시고, 육의 결혼을 통하여 그리스도와 교회의 영적인 결혼에 대하여 알게 해 주십니다. 땅의 사업을 통하여 하늘 사업을, 피조 빛을 들어 생명의 빛을, 부정한 것 창조를 들어 영적으로 부정한 것을, 정결한 것 창조를 들어 영적인 정결함을, 세상 나라를 들어 하나님 나라를, 세상의 왕을 들어 하늘 왕을, 땅의 집을 통하여 하늘 성전을 설명해 주십니다.

이와 같이 여러 가지 측면에서의 설명들이 있는데, 여기서는 여러 가지 측면을 통합적으로 쉽게 이해하기에 안성맞춤이라 할 수 있는 '결혼의 측면'으로 하나님의 뜻을 풀어가고자 합니다.

말씀을 어느 정도 이해하고 나면 성경은 '혼인의 책'이라는 것을 알게 됩니다. 이것을 알면 성경에서 말씀하시는 내용의 속 뜻, 껍데기가 아닌 알맹이를, 본질적인 의미를, 원저자이신 하나님의 의도를 더 깊이 이해할 수 있게 되고, 하나님과 더욱 가까워질 수 있습니다. 하나님과 사람의 결혼이 성경의 시작이고 성경의 진행이며 결론이기 때문입니다.

하나님의 결혼은 창세전의 계획이며, 창세기에서 그림자 결혼으로 시작되어 계시록에서 실제의 결혼이 완성됩니다. 예수님은 우리의 신랑, 곧 남편이며 교회는 그의 신부요, 아내입니다.

다시는 너를 버림받은 자라 부르지 아니하며 다시는 네 땅을 황무지라 부르지 아니하고 오직 너를 헵시바라 하며 네 땅을 쁄라라 하리니 이는 여호와께서 너를 기뻐하실 것이며 네 땅이 결혼한 것처럼 될 것임이라 사 62:4

일곱 대접을 가지고 마지막 일곱 재앙을 담은 일곱 천사 중 하나가 나아와서 내게 말하여 이르되 이리 오라 내가 신부 곧 어린 양의 아내를 네게 보이리라 하고 성령으로 나를 데리고 크고 높은 산으로 올라가 하나님께로부터 하늘에서 내려오는 거룩한 성 예루살렘을 보이니 하나님의 영광이 있어 그 성의 빛이 지극히 귀한 보석 같고 벽옥과 수정 같이 맑더라 계 21:9-11

예수님은 사랑하는 신부를 위하여 십자가에서 죽으시고 다시 살아나셨습니다. 그리고 그 신부와의 결혼을 위하여 열심을 다하고 계십니다.

> 내가 네게 장가들어 영원히 살되 공의와 정의와 은총과 긍휼히 여김으로 네게 장가들며 진실함으로 네게 장가들리니 네가 여호와를 알리라 호 2:19-20

이렇게 성경에 나타난 하나님의 뜻을 결혼의 측면에서 이해하면 하나님의 사랑이 더욱 깊이 느껴지고 가깝게 교제할 수 있습니다. 더 이상 하나님이 두려운 존재로 여겨지지 않고, 사랑이신 하나님과 연애하는 친밀한 관계로 변화됩니다. 더 나아가 뜨겁게 사랑 받는 주의 신부로서 신랑을 힘써 돕는 배필의 사명을 감당하게 됩니다. 교회는 신랑을 돕는 배필로 지음을 받았기 때문입니다(창 2:18).

오늘날 성경에서 예언한 징조들이 지구촌 곳곳에서 빈번하게 일어나는 것을 보며 '세상의 마지막이 임박했다'고들 말합니다. 어느 때보다 요한계시록에 대한 관심이 뜨겁습니다. 분명히 알아야 할 것은 요한계시록은 모든 성경 66권과 창조의 목적과 세대의 결론을 다루고 있는 책이라는 점입니다. 그리고 그 결론은 신부가 완성됨으로써 마무리된다는 것을 잊지 말아야 합니다.

아무리 요한계시록을 깊이 연구하고 열심히 가르친다 하여도 성경과 창조와 하나님의 경영의 목적인 신부로 단장되어지지 않는다면 모두 헛것이 됩니다. 그러므로 계시록 중에서도 2-3장의 일곱 교회와 21장의 새 예루살렘 성에 대하여 철저히 알고 그대로 준비되는 것이 무엇보다 중요합니다. 이 책은 하나님의 목적인 신부가 무엇이며, 어떻게 단장되며 어떻게 결론지어질 것인가를 알게 하는 것에 초점을 맞추었습니다.

아마도 이 책을 끝까지 읽고 깊이 묵상한다면 성경의 맥과 성경을 보는 안목과 신부에 대한 이상이 분명해지는 놀라운 경험을 하게 될 것입니다. 또한 금 갈대의 기준을 체득하게 되어 폭포수 같은 회개의 눈물이 터져나와 참 회개에 이르게 될 것이며, 그리스도의 재림 소망이 더욱 간절해짐으로 인하여 날마다 승리하는 생활을 누리게 될 것입니다. 더하여 교회의 성도들이 이 책을 읽게 될 때 교회안에 많은 문제 해결이 자연스러워 질것입니다. 가정의 질서를 알게 되고 자신의 신앙적인 고민에 많은 응답을 주게 될 것입니다. 그리고 그리스도 안에서의 성경지식의 풍성함과 진정한 누림, 사랑으로의 섬김, 나눔, 교제가 아름답게 이루어 짐을 보게 될 것입니다.

바라기는 노래 중의 노래인 아가서의 삶이 우리의 삶에 녹아져서 그리스도 안에 있는 어린양의 신부인 교회가 솔로몬과 술람미 여인의 사랑보다 더욱 더 행복한 사랑의 향기로 지금 여기서 펼쳐지기를 기도합니다.

Chapter **1**

하나님의
우주적
결혼 계획

1. 에덴에 나타난 결혼의 모습

2. 초림(初臨)으로 이루어진 결혼

3. 다시 오실 그날에 완성될
우주적 결혼

* 하나님의 유니버셜 웨딩 플랜 전체 조감도
(도표는 부록 페이지에 있음)

성경은 하나님과 사람의 결혼이라는 주제를 담고 있습니다. 창세기에는 에덴 동산에서 아담과 하와가 함께 하는 그림이 나타납니다. 그림자 결혼을 통하여 그리스도와 교회의 실제 결혼을 깨닫게 하시려는 하나님 아버지의 세심한 배려입니다. 이제 우리는 성령의 역사로 주님의 신부인 교회가 새 예루살렘 성으로 완성됨을 보게 됩니다. 마침내 하나님의 창조 목적인 어린 양의 신부가 우주적으로 연합되는 이상을 보게 될 것입니다.

Chapter 1
하나님의
우주적 결혼 계획

또 내가 새 하늘과 새 땅을 보니 처음 하늘과 처음 땅이 없어졌고 바다도 다시 있지 않더라 또 내가 보매 거룩한 성 새 예루살렘이 하나님께로부터 하늘에서 내려오니 그 준비한 것이 신부가 남편을 위하여 단장한 것 같더라 계21:1-2

우주 안에 인류의 역사가 시작되고 그 역사를 지탱해오는 가장 중요한 일이 있다면 사랑일 것입니다. 하나님께서 창조하신 남자와 여자가 서로 사랑하여 결혼을 하고 자녀를 낳으며 그 가정을 세우는 일을 지금까지 이어오고 있습니다. 결혼의 비밀은 둘이 하나됨입니다. 모든 동, 식물들도 어떤 방식으로든 둘이 하나로 섞이어 번성합니다. 사람도 마찬가지입니다.

이와 같이 하나님도 사람과 결혼하시기를 기뻐하셔서 이에 대한 그림으로 에덴동산에 아담과 하와를 만들어 당신의 뜻을 계시하셨습니다. 하나님께서 그리스도를 표상하는 아담을 먼저 만드시고 그를 돕는 배필로 교회를 표상하는 하와를 만드십니다. 인류 최초로 나타난 아담과 하와의 결혼을 통하여 우리는 그리스도와 교회의 영원한 결혼의 실제를 보게 됩니다. 이는 창세전에 하나님께서 계획하신 것입니다. 창세기 2장에 나타난 인류의 첫 결혼을 시작으로 하나님의 장구한 계획은 끊임없이 이어져 가고 있습니다.

1. 에덴에 나타난 결혼의 모습

여호와 하나님이 이르시되 사람이 혼자 사는 것이 좋지 아니하니 내가 그를 위하여 돕는 배필을 지으리라 하시니라 여호와 하나님이 흙으로 각종 들짐승과 공중의 각종 새를 지으시고 아담이 무엇이라고 부르나 보시려고 그것들을 그에게로 이끌어 가시니 아담이 각 생물을 부르는 것이 곧 그 이름이 되었더라 아담이 모든 가축과 공중의 새와 들의 모든 짐승에게 이름을 주니라 아담이 돕는 배필이 없으므로 여호와 하나님이 아담을 깊이 잠들게 하시니 잠들매 그가 그 갈빗대 하나를 취하고 살로 대신 채우시고 여호와 하나님이 아담에게서 취하신 그 갈빗대로 여자를 만드시고 그를 아담에게로 이끌어 오시니 아담이 이르되 이는 내 뼈 중의 뼈요 살 중의 살이라 이것을 남자에게서 취하였은즉 여자라 부르리라 하니라 이러므로 남자가 부모를 떠나 그의 아내와 합하여 둘이 한 몸을 이룰지로다 아담과 그의 아내 두 사람이 벌거벗었으나 부끄러워하지 아니하니라 **창 2:18-25**

창세기 1장에 기록된 6일간의 천지창조는 하나님께서 당신의 형상으로 만든 아담과 하와의 아름다운 결혼을 위하여 준비하신 것입니다. 그러므로 창세기 1장의 주인공은 당연히 아담과 하와입니다. 두 사람의 결혼은 하나님의 원대하고도 영원한 목적을 담고 세워진 것입니다. 에덴에 나타난 최초의 결혼은 창세 전 하나님의 계획과 목적을 첫 창조 안에 그려 놓으신 것으로서, 후세의 사람들로 하여금 하나님의 뜻을 알게 하시기 위함이었습니다. 에덴에서의 인류 최초의 결혼은 곧 이 세상 모든 사람들의 결혼을 내포(內包)하고 있습니다.

아담과 하와의 결혼이 그리스도와 교회의 영원한 결혼에 대한 그림자인 것처럼 세상의 모든 혈육의 결혼도 영적인 결혼에 대한 그림자라고 할 수 있습니다. 이제 이 책에서는 장차 어느 시점에 반드시 이루어질 하나님의 영원한 목적인 실제의 결혼이 무엇인지, 어떻게 결혼이 완성되는지, 완성된 결혼은 어떤 모습인지에 대하여 설명할 것입니다. 더하여 그리스도와 교회와의 결혼을 통하여 이 세상의 성공적이고 이상적인 결혼생활도 배우게 될 것입니다.

그러나 아담으로부터 모세까지 아담의 범죄와 같은 죄를 짓지 아니한 자들까지도 사망이 왕 노릇 하였나니 아담은 오실 자의 모형이라 **롬 5:14**

아내들이여 자기 남편에게 복종하기를 주께 하듯 하라 이는 남편이 아내의 머리 됨이 그리스도께서 교회의 머리 됨과 같음이니 그가 바로 몸의 구주시니라 그러므로 교회가 그리스도에게 하듯 아내들도 범사에 자기 남편에게 복종할지니라 남편들아 아내 사랑하기를 그리스도께서 교회를 사랑하시고 그 교회를 위하여 자신을 주심 같이 하라 이는 곧 물로 씻어 말씀으로 깨끗하게 하사 거룩하게 하시고 자기 앞에 영광스러운 교회로 세우사 티나 주름 잡힌 것이나 이런 것들이 없이 거룩하고 흠이 없게 하려 하심이라 이와 같이 남편들도 자기 아내 사랑하기를 자기 자신과 같이 할지니 자기 아내를 사랑하는 자는 자기를 사랑하는 것이라 누구든지 언제나 자기 육체를 미워하지 않고 오직 양육하여 보호하기를 그리스도께서 교회에게 함과 같이 하나니 우리는 그 몸의 지체임이라 그러므로 사람이 부모를 떠나 그의 아내와 합하여 그 둘이 한 육체가 될지니 이 비밀이 크도다 나는 그리스도와 교회에 대하여 말하노라 그러나 너희도 각각 자기의 아내 사랑하기를 자신 같이 하고 아내도 자기 남편을 아담과 하와가 그리스도와 교회의 표상임을 히브리어 원어를 통하여 보면 더욱 분명해집니다. 아담은 남자이고 하와는 여자입니다.

'남자'는 히브리어로 '이쉬'(אִישׁ)인데 '죽을 수밖에 없는 존재, 남자, 죽은 존재'라는 의미인 '에노쉬'(אֱנוֹשׁ)란 말에서 유래하였습니다. 에덴동산에서 하와가 선악과를 먹고 아담에게도 주었더니 아담도 먹고 죄인 되어 함께 죽은 것과 같습니다. 이와 같이 그리스도께서 세상 죄를 지시고 십자가에서 죽으셨습니다.

예수님은 사망 권세를 이기시고 부활하셨으나 근본적으로 죽기 위해 세상에 태어나신 분입니다. 곧 '에노쉬', '죽을 수밖에 없는 존재'로 오신 것입니다. 또한 '에노쉬'는 '현존하다'라는 의미도 가지는데 하나님의 만드심으로 아담이 세상에 현존하는 존재가 되어 있는 것입니다. 이와 같이 하나님께서 예수 그리스도를 죽을 수밖에 없는 존재로 세상에 보내어 세상 가운데 계시도록 하셨습니다.

아담이 그리스도의 표상인 것과 같이 하와는 교회의 표상입니다.

'여자'는 히브리어로 '이솨'(אִשָּׁה)라고 하는데 '아내, 여성'의 의미입니다. 이 말은 '남자'라는 말인 '이쉬'(אִישׁ)에서 유래하였으니 히브리어 원어로 보아도 여자는 남자에게서 났습니다. 남자인 '이쉬'가 '죽을 수밖에 없는 존재'의 뜻을 가진 '에노쉬'에서 왔으니 남자와 여자는 함께 '죽을 수밖에 없는 존재'로 세상에 있습니다. 그러나 남자인 그리스도와 여자인 교회가 함께 십자가에서 죽고 난 후에는 함께 부활하여 영생하는 부부 곧 한 몸으로 영원히 사는 존재로 있게 됩니다. 따라서 여자는 남자 없이는 존재가 아니며 남자로 인하여 비로소 존재가 됩니다. 오늘 모든 사람은 그리스도 안에서만 존재가 되고 그리스도 밖에 있으면 잠시 동안만의 존재인 것같이 세상에 있지만 안개와 같이 사라지는 비존재인 것입니다.

히브리어 단어의 뜻으로 볼 때 남자와 여자에게 이러한 비밀이 있음같이 '아담'과 '하와'라는 이름에도 비밀스런 의미들이 있습니다.

하나님께서 아담을 흙으로 만드셨습니다. 아담을 만든 재료인 흙이 히브리어로 '아다마'(אֲדָמָה)인데 '땅, 토지'라는 의미입니다. 그 흙으로 '인간, 인류'를 뜻하는 '아담'(אָדָם)곧 사람을 창조하셨습니다. 한마디로 혈육 있는 모든 사람은 하나님의 생명의 씨앗이 심겨질 경작지로 지음을 받은 것과 같습니다. 하늘의 씨가 땅에 심겨져 하나 되는 결혼을 의미합니다.

아담의 이름을 구성하고 있는 철자들이 의미하고 있는 내용이 흥미롭습니다. 히브리어는 각각의 형상이 발전하여 글자가 된 상형문자입니다. '알렢'(א)은 '수소'라는 의미이고 은유적으로 '지도자, 힘, 본성'으로 하나님을 의미합니다. 또한 알파벳의 첫 글자이므로 '시작, 최초이신 하나님'으로도 해석합니다. '달렡'(ד)은 '문'이라는 의미이고 은유적으로 '휘장, 통로'로 해석이 됩니다. '멤'(ם)은 '물'이란 의미이고 은유적으로 '말씀, 진리, 생명수'란 뜻입니다. 철자의 뜻을 연결하면 '하나님께 나아가는 문은 길이요 진리이신 말씀, 곧 예수'란 뜻입니다.

예수께서 이르시되 내가 곧 길이요 진리요 생명이니 나로 말미암지 않고는 아버지께로 올 자가 없느니라 요 14:6

결국 진리이신 예수그리스도를 믿지 않으면 영생도, 천국도 없다는 말씀입니다. 따라서 진리(ㅁ)가 없으면 세상의 썩음 아래 있다가 사라지는 안개와 같은 것이 인생인데 안개가 히브리어로 '에드'(אד)입니다.

> 내일 일을 너희가 알지 못하는도다 너희 생명이 무엇이냐 너희는 잠깐 보이다가 없어지는 안개니라 약 4:14

> 이 사람들은 물 없는 샘이요 광풍에 밀려가는 안개니 그들을 위하여 캄캄한 어둠이 예비되어 있나니 벧후 2:17

히브리어의 철자대로 보면 진리이신 그리스도가 없으면 모든 사람은 잠깐 보이다가 사라지는 안개일 뿐이라는 의미가 됩니다. 하나님께서 아담을 처음 만들 때 안개로 지은 것이 아니라 하나님을 알고 하나님을 순종하여 복을 받을 수 있도록 지음을 받은 것입니다. 그 이름이 안개를 뜻하는 '에드'(אד)와 진리를 뜻하는 '멤'(ㅁ)이 합하여 아담(אדמ)입니다. 그러므로 진리 곧 예수님이 없는 사람은 네피림 같은 육체요, 성령이 없는 사람들로 십자가의 원수로 사는 행악자들일 뿐이니 안개와 같은 것입니다(빌 3:18-19). 그리고 아담의 아내인 하와는 '하바'(חוה)인데 '생명을 주는 자'란 의미로 '말하다, 선포하다'란 동사에서 유래한 이름입니다.

아담이 그리스도의 표상이고 그의 아내가 교회의 표상입니다. 교회는 남편인 그리스도에게 생명을 받았고 그 생명을 낳는 자니 생명을 주는 자가 됩니다. 교회는 여자로서 생명을 낳는 기능을 부여 받았습니다.

그러면 어떻게 생명을 낳을까요?

마리아의 몸에 성령으로 말씀이 잉태하셨듯이 모든 성도는 성령으로 말씀이신 그리스도가 마음 가운데 생명의 씨앗으로 잉태되는 것입니다. 교회는 그 말씀을 선포함으로 하나님의 생명을 계속해서 출산하는 것인데, 그 이름이 아담(그리스도)의 부인(교회)인 '하바'(חוה)입니다(롬 10:8-17).

'하바'라는 철자를 보아도 같은 내용이 됩니다. '헤트'(ח)는 '울타리, 방안, 구별'이란 의미이고, '바브'(ו)는 '갈고리, 못, 연결'이며, '헤'(ה)는 '숨구멍, 호흡, 생명'이란 뜻이 됩니다. 뜻을 연결하면 '하바'는 '울타리 안으로 보호받는 교회는 십자가를 통하여 생명을 얻고 생명을 낳음'이라고 해석됩니다. 교회는 십자가에서 죽으시고 부활하신 생명의 주를 영접하고 영생하는 생명을 낳는 기능을 가진 하나님의 여자입니다.

이로써 아담과 하와, 남자와 여자의 뜻을 살펴보았습니다. 그리스도와 교회에 관한 섭리가 들어있습니다. 성경이 혼인의 책임을 생각할 때 인류의 첫 부부에 대하여 알아보는 것은 매우 중요한 일입니다.

2. 초림(初臨)으로 이루어진 결혼

결혼의 비밀은 '하나 됨'입니다. 아담의 결혼 곧, 이 땅의 모든 결혼은 그림자이기에 이 땅에서의 결혼은 영원하지 못합니다. 다만 영원한 결혼을 보여주는 예고편과 같습니다. 그리스도와 교회의 영원한 결혼이 완성되면 이 땅에 다시는 결혼이 없게 됩니다.

등불 빛이 결코 다시 네 안에서 비치지 아니하고 신랑과 신부의 음성이 결코 다시 네

안에서 들리지 아니하리로다 너의 상인들은 땅의 왕족들이라 네 복술로 말미암아 만국이 미혹되었도다 계 18:23

부활 때에는 장가도 아니 가고 시집도 아니 가고 하늘에 있는 천사들과 같으니라 마 22:30

예수님께서 세상에 오신 목적은 사람과 실제의 결혼을 하기 위해서입니다. 이는 영원 전 하나님의 계획이며 언약의 완성입니다. 에덴 동산에서의 범죄로 인하여 하나님의 형상을 잃어버린 사람은 신랑 되신 말씀 곧, 머리를 잃어버린 것입니다. 사단의 미혹을 받아 그를 순종하므로 사단을 신랑삼은 것입니다. 하나님의 신부를 미혹한 사단을 사람의 죄와 함께 심판하시기 위해 예수님께서 이 땅에 오셔서 십자가에서 죽으심으로 해결하셨습니다. 그리고 신랑이신 예수님은 신부인 교회와 함께 영생으로 부활하셨습니다. 죄로 죽은 사람과 같이 죽고 함께 살아난 것입니다. 부활하신 주님은 예수를 믿는 사람들에게 성찬(聖餐)으로 먹혀지심으로 하나가 되었습니다. 성도는 개인적으로 주님과 영적인 결혼이 되어진 것입니다. 따라서 교회가 성찬식을 하는 것은 그리스도를 기념하는 것이지만 실제의 성찬은 실제이신 그리스도를 날마다 양식으로 먹고 마시는 것입니다. 실제의 성찬만이 영원히 살도록 하기 때문입니다(요 6:22-65). 이렇게 먹음으로 둘이 하나 되는 것을 결혼이라고 합니다.

살아 계신 아버지께서 나를 보내시매 내가 아버지로 말미암아 사는 것 같이 나를 먹는 그 사람도 나로 말미암아 살리라 이것은 하늘에서 내려온 떡이니 조상들이 먹고도 죽은 그것과 같지 아니하여 이 떡을 먹는 자는 영원히 살리라 요 6:57-58

갈릴리 가나에 있는 혼인 잔치 집에 가신 것도 우주적인 결혼을 설명해 주시기 위한 것이었습니다.

예수님께서 공생애를 시작하실 때 처음 기적을 보이신 것이 가나 혼인 잔치 사건입니다(요 2:1-12). 이 말씀은 예수님께서 세상에 오신 목적이 성도와 하나 되는 결혼이라는 것을 알려주시기 위함입니다. 많은 사람들이 가나 혼인 잔치에서 물로 포도주를 만드신 기적에만 초점을 두다가 예수님처럼 그런 기적을 일으키려는 열망에 빠지기도 합니다. 어떤 목사님이 자동차 기름이 떨어지자 물을 붓고 기도를 하여 집에까지 왔다는 간증도 있습니다. 그럴 수도 있을지 모르겠지만, 예수님의 행하신 기사와 표적들은 잠시 육신의 필요에 대한 고침에 국한하지 않고 영원한 것에 목적을 두고 있습니다. 그것이 진리의 진의(眞義)이고 알맹이입니다. 많은 지역 중에서도 주님이 기적을 행하신 가나 지역은 특별한 의미가 있습니다. '가나'(Kavá)는 갈릴리에 있는 한 성읍인데 히브리어로 '갈대가 많다'는 의미를 가진 '카나'(קָנָה)에서 유래한 말입니다.

예수님은 갈대를 '상할 수 있는 연약한 사람, 세상사람'에 비유하셨습니다(왕상 14:15).

상한 갈대를 꺾지 아니하며 꺼져가는 심지를 끄지 아니하기를 심판하여 이길 때까지 하리니 마 12:20

보라 네가 애굽을 믿는도다 그것은 상한 갈대 지팡이와 같은 것이라 사람이 그것을 의지하면 손이 찔리리니 애굽 왕 바로는 그를 믿는 모든 자에게 이와 같으니라 사 36:6

예수님은 죄로 말미암아 상하여진 연약한 죄인을 위하여 포도주, 곧 피로 사하시고 그들과 혼인하시기 위해 오신 것입니다. 이것이 사람의 마음 가운데 오신 신랑 예수님이시고 사람들 곧 무리들 가운데 오신 구원자 예수님이십니다.

구약의 예표된 사건을 들어 부연(敷衍) 설명해 보겠습니다.

출애굽기 2장에 보면 하나님께서 이스라엘 백성들을 애굽에서 구원해 내시기 위해 모세를 준비하시는 것을 보게 됩니다. 당시에 바로왕은 히브리인들의 번성을 막기 위해 사내아이가 태어나면 모두 죽이게 하였습니다. 그러나 하나님을 경외하는 산파들이 아기 모세를 빼돌려 살리고 그 모친은 아기를 갈대로 만든 상자에 넣어 애굽의 나일강 갈대숲에 둡니다. 그후 모세는 바로의 공주 손에 의해 궁으로 들어가 길리움을 받아 성장합니다. 모세가 장성하기 까지의 애굽 생활은 예수님의 사생애의 표상입니다. 모세는 하나님의 백성을 구원하시는 예수님의 표상입니다.

더 숨길 수 없게 되매 그를 위하여 갈대 상자를 가져다가 역청과 나무 진을 칠하고 아기를 거기 담아 나일 강 가 갈대 사이에 두고 출 2:3

아기 모세가 갈대 상자에 담긴 것은 아기 예수께서 마리아의 몸에 잉태하고 성도의 몸속에 잉태됨의 비유입니다. 그리고 갈대숲에 놓인 것은 육신(갈대)을 입으신 예수님이 죄인들(갈대 숲) 속에 함께 계심의 표상입니다.
그렇습니다. 예수님은 상한 갈대라도 꺾지 않으시고 구원하시길 기뻐하셨습니다. 그 구원은 사람과 하나 되는 것이니 결혼 곧 혼인입니다. 가나 혼인 잔치 사건이 우리에게 들려주는 구원의 그림입니다.

건축의 측면에서 결혼을 설명할 수도 있습니다.
요한복음 2장 13절부터 보면 가나 혼인 잔치 이후에 예수님께서 유월절 때가 되어 예루살렘 성에 들어가십니다. 부정하고 더러워진 성전에 들어가셔서 돈 바꾸어주는 자들의 상을 둘러엎으십니다. 건축의 측면에서 보면 성막과 성전과 영적인 성전인 교회는 새 예루살렘 성 곧 신부를 의미합니다.

사실 창세기 1장의 창조와 6일 동안의 단계들도 하나님의 영원한 목적인 새 예루살렘 성을 이루는 시작부터 완성까지의 비밀들을 가득 담고 있습니다. 그러므로 창조의 첫날부터 마지막 날까지의 창조의 비밀을 잘 깨달으면 그 속에 신부 단장의 해답들이 밝혀지게 됩니다.

주제에서 빗나갈까하여 창세기 1장을 깊이 다룰 수는 없습니다. 다만 신부 단장의 목적과 과정과 완성의 비밀을 담고 창조된 것은 영원한 창조에 대한 그림자라는 것을 말해 두려고 합니다. 창조도 건축이요, 하나님의 거하실 성전도 건축입니다. 그 동안 교회가 하나님의 목적인 결혼을 구속사적인 측면 위주로 많이 다루다 보니 많은 성도들이 구속사적인 내용, 용어, 사건, 비유에 익숙해져 있습니다. 그러다 보니 하나님의 영원한 목적을 구속사적 측면 이외의 여러 가지 측면에서 설명하면 생소하게 여기는 사람들이 적지 않습니다. 그러나 이 책에서 다루어지고 있는 여러 가지 측면에서의 해석은 분명히 성경에 다양하게 들어 있는 표현들에 대한 지극히 성경적인 해석으로서 성경 말씀에서 절대 벗어나지 않는 것이라는 점을 강조해 두고자 합니다. 마치 '새 예루살렘 성이 어린 양의 신부다'라고 말하면 생소할 뿐만 아니라 이질감이 들 수도 있습니다. 그러나 엄연히 계시록 21장에 표현되어 있는 말씀입니다. 익숙하지 않기 때문에 어색해 할 뿐인 것입니다.

일곱 대접을 가지고 마지막 일곱 재앙을 담은 일곱 천사 중 하나가 나아와서 내게 말하여 이르되 이리 오라 내가 신부 곧 어린 양의 아내를 네게 보이리라 하고 성령으로 나를 데리고 크고 높은 산으로 올라가 하나님께로부터 하늘에서 내려오는 거룩한 성 예루살렘을 보이니 계 21:9-10

구약에 있던 에덴 성전이나 성막, 성전들은 가시적으로 보이는 하나님의 집으로 실제 하나님의 성전에 대한 그림자들입니다. 실제 신랑이신 그리스도가 오신 이후 교회라는 이름을 가진 실제 성전이 탄생하게 됩니다. 이 성전은 예수님이 모퉁이 머릿돌이시고, 기초석인 12제자들과 기초석 위에 쌓여진 우주 안의 모든 성도들로 구성되어 있습니다. 이 성은 연합 도성으로서 그 이름은 '새 예루살렘 성'입니다. 개인적으로 성도의 마음속에, 단체적으로는 예루살렘 성 안에 신랑이신 그리스도가 들어오셔서 연합되어 이루어지는 공간입니다.

요한복음 2장에서의 예루살렘 성전 사건은 예루살렘 성전이 주님의 신부임을 설명해 주시는 것입니다. 비록 그림자 성전이지만 정결해야 할 성전이 더럽혀졌습니다. 주님의 아내인 땅의 예루살렘 성이 영적으로 다른 남자, 곧 사단과 하나 되어 더러워진 것을 심판하시는 장면입니다. 이 일은 오늘 실제 성전인 이스라엘과 성도의 마음속에 자리 잡고 있는 더러움을 심판하시는 장면이기도 합니다.

유대인의 유월절이 가까운지라 예수께서 예루살렘으로 올라가셨더니 성전 안에서 소와 양과 비둘기 파는 사람들과 돈 바꾸는 사람들이 앉아 있는 것을 보시고 노끈으로 채찍을 만드사 양이나 소를 다 성전에서 내쫓으시고 돈 바꾸는 사람들의 돈을 쏟으시며 상을 엎으시고 비둘기 파는 사람들에게 이르시되 이것을 여기서 가져가라 내 아버지의 집으로 장사하는 집을 만들지 말라 하시니 제자들이 성경 말씀에 주의 전을 사모하는 열심이 나를 삼키리라 한 것을 기억하더라 이에 유대인들이 대답하여 예수께 말하기를 네가 이런 일을 행하니 무슨 표적을 우리에게 보이겠느냐 예수께서 대답하여 이르시되 너희가 이 성전을 헐라 내가 사흘 동안에 일으키리라 유대인들이 이르되 이 성전은 사십육 년 동안에 지었거늘 네가 삼 일 동안에 일으키겠느냐 하더라 그러나 예수는 성전된 자기 육체를 가리켜 말씀하신 것이라 죽은 자 가운데서 살아나신 후에야 제자들이 이 말씀하신 것을 기억하고 성경과 예수께서 하신 말씀을 믿었더라 유월절에 예수께서 예루살렘에 계시니 많은 사람이 그의 행하시는 표적을 보고 그의 이름을 믿었으나 예수는 그의 몸을 그들에게 의탁하지 아니하셨으니 이는 친히 모든 사람을 아심이요 또 사람에 대하여 누구의 증언도 받으실 필요가 없었으니 이는 그가 친히 사람의 속에 있는 것을 아셨음이니라 요 2:13-25

너희는 너희가 하나님의 성전인 것과 하나님의 성령이 너희 안에 계시는 것을 알지 못하느냐 누구든지 하나님의 성전을 더럽히면 하나님이 그 사람을 멸하시리라 하나님의 성전은 거룩하니 너희도 그러하니라 고전3:16-17

그림자 성전인 예루살렘이 참 왕이요, 신랑이요, 남편이요, 주인인 예수님을 모셔 들이지 않고 사단의 영과 하나 된 로마의 가이사와 야합하여 주님을 핍박하였습니다. 그러나 마침내 실제 신랑이신 그리스도가 오셔서 참 성전인 교회를 삼 일 만에 건축하셨습니다. 예수님께서 죽으시고 삼 일 만에 부활하셔서 이루신 것이 참 성전인 교회입니다. 그러므로 주님 거하실 성전이 진리로 건축되어진다는 것은 신랑이신 그리스도로 인하여 신부로 단장되어 간다는 말과 같은 것입니다.

3. 다시 오실 그날에 완성될 우주적 결혼

초림으로 오신 신랑 예수께서 신부의 모든 죄를 피로 정결케 하시고 주를 믿는 자들과 연합하심으로 결혼을 이루셨습니다. 그리고 더 큰 규모의 결혼을 이루어가고 계십니다. 주와 함께 연합된 개인 신부는 연합 단체 성전인 새 예루살렘 성이 되기 위하여 교회라는 공동체 안에 있습니다. 우주적인 주님의 몸으로 합당하도록 준비되고 있는 것입니다.

그러므로 이제부터 너희는 외인도 아니요 나그네도 아니요 오직 성도들과 동일한 시민이요 하나님의 권속이라 너희는 사도들과 선지자들의 터 위에 세우심을 입은 자라 그리스도 예수께서 친히 모퉁잇돌이 되셨느니라 그의 안에서 건물마다 서로 연결하여 주 안에서 성전이 되어 가고 너희도 성령 안에서 하나님이 거하실 처소가 되기 위하여 그리스도 예수 안에서 함께 지어져 가느니라 엡 2:19-22

주님의 신부인 교회는 그 터가 반석이신 그리스도이시며(고전 3:10) 그 성은 금, 은, 보석으로 지어져 가고 있습니다(고전 3:11-15).

금은 하나님의 본성을 의미하고, 은은 구속(救贖)이며 보석은 하나님의 여러 방면들과 열매의 어떠함들입니다. 건축의 측면에서 보면 초림으로 오셔서 개인 성전을 이루시고서 더 나아가 단체 성전을 건축 중이시며 이제 우리 주님께서 다시 오실 때 단체 성전의 완성을 보시게 될 것입니다(계 21장).

1) 성전의 터

내게 주신 하나님의 은혜를 따라 내가 지혜로운 건축자와 같이 터를 닦아 두매 다른

이가 그 위에 세우나 그러나 각각 어떻게 그 위에 세울까를 조심할지니라 고전3:10

구약의 성전도 세우는 그 터를 아무 곳에나 세울 수 없었고 오직 하나님께서 명하신 곳이어야 했던 것과 같이 하늘 성전의 터도 오직 예수 그리스도뿐입니다.

하나님께서 보내신 분이어야 하고 성경대로 세상 죄를 대신하여 십자가에 죽으셨다가 삼 일 만에 살아나신 영원하신 분, 영원한 터이어야 합니다. 오직 예수님만이 천국 가는 길이요, 변하지 않는 진리이며 생명의 빛이십니다(요 14:6).

2) 터 위에 건축

이 닦아 둔 것 외에 능히 다른 터를 닦아 둘 자가 없으니 이 터는 곧 예수 그리스도라 만일 누구든지 금이나 은이나 보석이나 나무나 풀이나 짚으로 이 터 위에 세우면 각 사람의 공적이 나타날 터인데 그 날이 공적을 밝히리니 이는 불로 나타내고 그 불이 각 사람의 공적이 어떠한 것을 시험할 것임이라 만일 누구든지 그 위에 세운 공적이 그대로 있으면 상을 받고 누구든지 그 공적이 불타면 해를 받으리니 그러나 자신은 구원을 받되 불 가운데서 받은 것 같으리라 고전3:11-15

예수 그리스도의 터 위에 성전이 세워지는데 반드시 재료가 금과 은과 보석이어야 합니다. 이는 그리스도의 의와 그의 통치로 세워지는 것을 말씀합니다. 나무나 풀이나, 짚은 사람의 의, 곧 불의로 건축되어지는 것을 의미하는데 그것은 영원하지 못하며 심판때 불살라질 것입니다. 그러므로 성도는 자기의 불의를 십자가에 못 박고 하나님 앞에 영원히 빛날 공의이신 그리스도의 의로 건축해야 합니다(유 1:20-21).

3) 우주적으로 완성된 건축과 연합되시는 그리스도

우리가 즐거워하고 크게 기뻐하며 그에게 영광을 돌리세 어린 양의 혼인 기약이 이르렀고 그의 아내가 자신을 준비하였으므로 그에게 빛나고 깨끗한 세마포 옷을 입도록 허락하셨으니 이 세마포 옷은 성도들의 옳은 행실이로다 하더라 천사가 내게 말하기를 기록하라 어린 양의 혼인 잔치에 청함을 받은 자들은 복이 있도다 하고 또 내게 말하되 이것은 하나님의 참되신 말씀이라 하기로 계19:7-9

개인적으로 완성되어가는 신부는 자기를 건축할 때 자기의 뜻대로 하지 않습니다. 성도의 옳은 행실은 그리스도 의로 살아낸 삶의 열매로 짜여진 예복이요, 세마포입니다. 천국 혼인 잔치는 세마포의 예복을 입은 자들만 들어갈 수 있습니다. 결국 세마포는 주님의 의의 열매로 짜여진 것이니 주님의 옷입니다. 성도는 예수님의 몸입니다.

구약의 성막을 공부하다보면 지성소의 부분이 있습니다. 성막에서 가장 심오한 곳이고 하나님의 보좌세계를 의미합니다. 그런데 지성소는 아무나 들어갈 수 없습니다. 신부가 지성소, 곧 하나님의 보좌 세계에 이를 수 있는 것은 대제사장이신 그리스도의 몸으로 그의 에봇에 덮여져 들어갈 수 있는 것입니다. 이 말은 사람의 의를 입고는 들어갈 수 없고 오직 예수 그리스도의 의를 입은 자만 들어간다는 의미입니다.

또한 사람의 의는 한 순간 있다가 사라지는 안개와 같으나 예수님의 의는 영원합니다. 하나님의 나라가 영원하기에 영원한 생명과 그 의를 입은 자만이 그 나라에 들어갈 수 있습니다. 영원치 못한 것은 그 어떤 것도 하나님의 나라에 적합하지 않을 뿐 아니라 있을 수도 없습니다.

그러므로 성도는 잠시 있다가 사라지는 세상에 소망을 두지 말고 보이지 않으나 영원한 것에 가치를 두고 살아가야 합니다. 이러한 가치관을 가지고 사는 사람은 부끄러움을 당하지 않을 것이며 끝내 이기는 자가 될 것입니다.

4) 신부인 새 예루살렘 성을 보니 거룩하고 아름답게 단장됨

또 내가 새 하늘과 새 땅을 보니 처음 하늘과 처음 땅이 없어졌고 바다도 다시 있지 않더라 또 내가 보매 거룩한 성 새 예루살렘이 하나님께로부터 하늘에서 내려오니 그 준비한 것이 신부가 남편을 위하여 단장한 것 같더라 계21:1-2

오직 신부는 신랑을 위하여 신랑의 것을 공급받아 자기를 단장하는 것입니다. 이것이 방주나 성막이나 성전을 건축할 때 식양(式樣)대로 한다는 의미이고(왕하 6:38), 하나님의 뜻대로 행하는 자라야 천국에 들어간다는 의미입니다(마 7:21).

* 하나님의 영원한 목적인 결혼 (도표는 부록 페이지에 있음)

Chapter 2

결혼,
그 비밀의
경륜

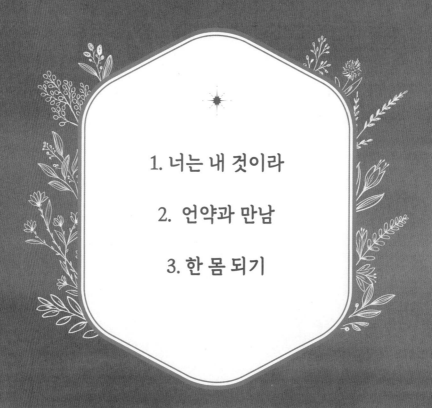

1. 너는 내 것이라

2. 언약과 만남

3. 한 몸 되기

남자와 여자를 창조하신 목적과 둘이 하나 되는 비밀은 무엇일까요? 언약에 신실하신 하나님 아버지께서는 이 세상 모든 육적 결혼이라는 그림자를 통하여 그리스도와 교회의 영원한 결혼을 미리 보여 주십니다.

Chapter 2
결혼,
그 비밀의 경륜

하나님의 비밀은 그리스도이며(골 1:26-27, 2:2) 그리스도의 비밀은 교회입니다(엡 3:3-4, 골 4:3-4). 지금도 세상에는 여전히 비밀이지만, 성도에게는 비밀로 하지 않으시고 때가 되매 하나님께서 열어주시고 친히 한 몸 됨의 결혼을 체험하게 하셨습니다. 이 결혼은 교회의 머리이신 그리스도와 그의 몸인 교회에 관한 이야기입니다.

또 만물을 그의 발 아래에 복종하게 하시고 그를 만물 위에 교회의 머리로 삼으셨느니라 엡1:22

이는 남편이 아내의 머리됨이 그리스도께서 교회의 머리됨과 같음이니 그가 바로 몸의 구주시니라 엡5:23

창세기에서 아담을 잠들게 하여 그의 갈빗대로 하와를 만드신 것이 결혼의 모형이라면(창 2:20-23), 예수 그리스도를 십자가에 죽이시고 그의 옆구리 살과 피로 교회를 만드신 것은 결혼의 실제입니다(요 6장).

이 비밀은 만세와 만대로부터 감추어졌던 것인데 이제는 그의 성도들에게 나타났고 하나님이 그들로 하여금 이 비밀의 영광이 이방인 가운데 얼마나 풍성한지를 알게 하려 하심이라 이 비밀은 너희 안에 계신 그리스도시니 곧 영광의 소망이니라 골 1:26-27

이는 그들로 마음에 위안을 받고 사랑 안에서 연합하여 확실한 이해의 모든 풍성함과 하나님의 비밀인 그리스도를 깨닫게 하려 함이니 골 2:2

곧 계시로 내게 비밀을 알게 하신 것은 내가 먼저 간단히 기록함과 같으니 그것을 읽으면 내가 그리스도의 비밀을 깨달은 것을 너희가 알 수 있으리라 엡 3:3-4

예수님은 실제의 결혼을 완성하시기 위해 삼 년 반의 공생애 삶을 마치시고 십자가를 지고 가셨습니다. 주님은 구약 내내 이스라엘의 예루살렘 성을 신부로 삼아 소망을 주셨습니다. 그러나 그들은 자기들의 머리이신 그리스도를 영접하지 않았습니다. 머리 두실 곳을 찾지 못하신 주님은 공생애 기간 동안 내내 오직 자기의 머리 두실 곳을 찾아 다니셨는데 이는 자기의 몸인 성도를 찾아다니신 것입니다. 이것은 오늘 교회의 전도 사역으로서, 전도란 주님의 몸 될 성도를 찾아다니는 것을 말합니다.

예수께서 이르시되 여우도 굴이 있고 공중의 새도 거처가 있으되 인자는 머리 둘 곳이 없다 하시더라 마 8:20

1. 너는 내 것이라

예수님의 신부는 아무나 될 수 없습니다. 창세전부터 하나님께서 이미 아시는 자들이며 택한 자들 입니다.

찬송하리로다 하나님 곧 우리 주 예수 그리스도의 아버지께서 그리스도 안에서 하늘에 속한 모든 신령한 복을 우리에게 주시되 곧 창세 전에 그리스도 안에서 우리를 택하사 우리로 사랑 안에서 그 앞에 거룩하고 흠이 없게 하시려고 그 기쁘신 뜻대로 우리를 예정하사 예수 그리스도로 말미암아 자기의 아들들이 되게 하셨으니 이는 그가 사랑하시는 자 안에서 우리에게 거저 주시는 바 그의 은혜의 영광을 찬송하게 하려는 것이라 우리는 그리스도 안에서 그의 은혜의 풍성함을 따라 그의 피로 말미암아 속량 곧 죄 사함을 받았느니라 엡 1:3-7

그리스도 안에서 미리 택정(擇定)되었습니다.

모든 일을 그의 뜻의 결정대로 일하시는 이의 계획을 따라 우리가 예정을 입어 그 안에서 기업이 되었으니 이는 우리가 그리스도 안에서 전부터 바라던 그의 영광의 찬송이 되게 하려 하심이라 그 안에서 너희도 진리의 말씀 곧 너희의 구원의 복음을 듣고 그 안에서 또한 믿어 약속의 성령으로 인치심을 받았으니 이는 우리 기업의 보증이 되사 그 얻으신 것을 속량하시고 그의 영광을 찬송하게 하려 하심이라 엡 1:11-14

하나님의 계획과 뜻은 이미 창세전에 완료되었습니다. 완료되었다는 의미는 전지전능하신 하나님께서 이미 아들의 신부인 새 예루살렘 성(교회)을 미리 택하시고 완성된 설계도를 요한 계시록 21장에 공개하여 주셨다는 말입니다. 뿐만 아니라 성막과 성전의 설계도를 통해서도 미리 알게 하셨습니다. 하나님의 목적과 뜻을 누구도 멈출 수 없습니다. 하나님의 마음에 이미 완성되어 있는 것, 완료된 계획이 그 경륜을 따라 세상에 나타나고 그 계획과 뜻을 따라 진행되어 갈 뿐입니다.

처음 사람인 아담과 하와의 결혼을 통하여 하나님의 목적을 알 수 있습니다 (창 2:18-25).

여호와 하나님이 이르시되 사람이 혼자 사는 것이 좋지 아니하니 내가 그를 위하여 돕는 배필을 지으리라 하시니라 **창 2:18**

하나님께서 아담을 창조하실 때 혼자 있는 것이 보기에 좋지 않고 외로워 보여서 배필인 여자를 만드셨습니다. 아담과 하와가 예수님과 교회의 표상임을 볼 때 하나님은 아들이 혼자인 것이 보시기에 좋지 않아 신부인 교회를 목적하시고 예정하신 것입니다. 아담이 잠들었다가 깨어나 보니 그의 갈빗대로 여자가 만들어져 함께 있는 것입니다.

이와 같이 그리스도도 십자가에서 잠들었다가(죽음) 깨어나 보니(부활) 그의 옆구리의 살과 피로 만들어진 교회가 세워지고 있는 것입니다. 성경은 하나님과 사람의 결혼을 완성해가는 혼인의 책 이라는 것을 더욱 분명하게 해주는 대목입니다. 하나님의 생명을 가진 사람과의 결혼, 둘이 한 몸 되는 비밀은 너무 신비롭습니다.

하지만 둘의 사랑 가운데 집요하게 방해하는 마귀가 있습니다. 그러나 아무도 막을 수 없는 하나님의 지혜와 능력으로 사랑의 결합이 완성되어 가는 놀라운 이야기, 그 과정들 속에서 이루어지는 사랑의 시와 찬미와 노래가 성경의 내용들입니다.

이 일을 이루시기 위하여 하나님은 오늘도 당신의 택한 자들을 부르고 계십니다. 하나님께서 누구를 택하셨는지는 알 수가 없습니다. 예수님께서는 아버지께서 보내주지 않으시면 아무도 올 수 없다고 하셨습니다.

나를 보내신 아버지께서 이끌지 아니하시면 아무도 내게 올 수 없으니 오는 그를 내가 마지막 날에 다시 살리리라 엡 6:44

예수님이 오셔서 복음을 전하셨는데 믿는 자도 있었지만 도리어 핍박을 하는 자도 있었습니다.

예수님께서 아버지의 명령을 따라 복음을 전하시고 사명을 다하셨습니다. 이와 같이 예수님을 사랑하는 사람들이 복음을 전합니다. 이때 우리는 누가 믿고 구원 받을 대상인지 모르는 중에 복음을 전하는데, 하나님께서 택하시고 원하시는 자들로 하여금 듣고 믿게 하셔서 구원하십니다. 누구든지 하나님 아버지의 택함을 받고 예정함을 입은 사람은 그 복음을 듣게 되어 있습니다.

이방인들이 듣고 기뻐하여 하나님의 말씀을 찬송하며 영생을 주시기로 작정된 자는 다 믿더라 행 13:48

그러면 무엇을 말하느냐 말씀이 네게 가까워 네 입에 있으며 네 마음에 있다 하였으니 곧 우리가 전파하는 믿음의 말씀이라 네가 만일 네 입으로 예수를 주로 시인하며 또 하나님께서 그를 죽은 자 가운데서 살리신 것을 네 마음에 믿으면 구원을 받으리라 사람이 마음으로 믿어 의에 이르고 입으로 시인하여 구원에 이르느니라 롬 10:8-10

2. 언약과 만남

이 세상의 결혼에도 서약이 있듯이 하나님의 결혼에도 언약이 있는데 부부의 쌍방 간의 계약입니다.

언약은 히브리어로 '베리트'(בְּרִית)인데 '언약, 협정, 계약'이라는 뜻입니다. 이 말은 '바라'(בָּרָה), '선택하다, 먹이다, 깨끗하게 하다, 자르다'란 의미에서 유래한 말입니다.

하나님과 교회와의 계약은 여러 측면 중에서도 생명과 언약의 피와 은혜로 축약할 수 있습니다. 죄인 된 사람과 언약을 맺으셨는데 그 내용이 선택된 자들을 불러 하나님의 살과 피를 먹여 살리시고 깨끗하게 하셔서 하나님의 자녀요, 신부로 만드시겠다는 언약입니다. 먹여서 한 몸 되시겠다는 것입니다.

그들이 먹을 때에 예수께서 떡을 가지사 축복하시고 떼어 제자들에게 주시며 이르시되 받아서 먹으라 이것은 내 몸이니라 하시고 또 잔을 가지사 감사기도 하시고 그들에게 주시며 이르시되 너희가 다 이것을 마시라 이것은 죄 사함을 얻게 하려고 많은 사람을 위하여 흘리는 바 나의 피 곧 언약의 피니라 마26:26-28

하나님의 형상을 잃어버리고 사망에 처한 자들에게 '생명을 되찾는 속죄의 피'를 언약하셨습니다. 구약 시대는 죄인이 하나님을 만날 때 피 흘릴 '희생 제물'을 드려야 했습니다. 반복적으로 짐승의 피를 흘려야 했지만(표상), 때가 이르매 죄 없으신 하나님의 아들이 오셔서 단번에 영원한 속죄의 제물로 피 흘려주셨습니다. 그 피는 '흠 없는 어린양의 보혈, 언약의 피'였습니다(실제).

> 하물며 하나님의 아들을 짓밟고 자기를 거룩하게 한 언약의 피를 부정한 것으로 여기고 은혜의 성령을 욕되게 하는 자가 당연히 받을 형벌은 얼마나 더 무겁겠느냐 너희는 생각하라 히 10:29

> 양들의 큰 목자이신 우리 주 예수를 영원한 언약의 피로 죽은 자 가운데서 이끌어 내신 평강의 하나님이 히 13:20

언약이란 히브리 단어 '베리트'의 어원인 '바라'에 더하여 또 하나의 뜻은 '자르다'입니다. 이 말은 '할례' 곧 남성의 표피를 베어내는 할례의 언약입니다. 이스라엘 백성들은 난 지 팔 일이 되면 사내아이 생식기의 표피를 베어내는 할례를 행합니다(창 17장, 출 12:44-48). 예수님도 율법의 결례를 따라 난 지 팔 일 만에 할례를 받으셨습니다.

이스라엘 백성들이 할례를 계속한 것은 예수님의 십자가의 죽음을 상징하는 것이었습니다. 예수님께서 육체를 입으셨고 그 육체에 첫 아담과 그의 후손들의 모든 죄악을 짊어지셨습니다. 그러므로 예수님의 육체는 곧 죄가 되신 것이고 그 죄로 인하여 십자가에 죽으심으로 육신을 벗으시고 새 몸으로 부활하셨습니다. 그리고 제 칠일 안식일이 지난 제 팔일에 부활하셨는데 할례의 실제를 이루신 것입니다.

이렇게 옛 몸의 표피를 벗는 것을 '할례'라 합니다. 또한 할례 되신 그리스도를 성찬으로 먹고 마시게 되면 성도는 함께 할례가 되어집니다. 믿는 성도의 영이 거듭나서 이미 깨끗하고 혼이 더욱 깨끗함을 얻기 위해 마음에 할례를 계속해가는 것을 성화(聖化)라 합니다(롬 2:25-29). 따라서 성도는 먼저 할례 되신 신랑과 결혼 곧 한 몸 됨으로 할례가 이루어지게 되어 있습니다.

성도가 할례 되어 깨끗하게 되는 것은 부활하신 그리스도의 영을 마음속에 영접함으로써 이루어집니다.

약속한 진리는 그리스도의 영으로 임하였습니다.

맑은 물을 너희에게 뿌려서 너희로 정결하게 하되 곧 너희 모든 더러운 것에서와 모든 우상 숭배에서 너희를 정결하게 할 것이며 또 새 영을 너희 속에 두고 새 마음을 너희에게 주되 너희 육신에서 굳은 마음을 제거하고 부드러운 마음을 줄 것이며 또 내 영을 너희 속에 두어 너희로 내 율례를 행하게 하리니 너희가 내 규례를 지켜 행할지라 내가 너희 조상들에게 준 땅에서 너희가 거주하면서 내 백성이 되고 나는 너희 하나님이 되리라 겔 36:25-28

이 말씀을 하시고 그들을 향하사 숨을 내쉬며 이르시되 성령을 받으라 너희가 누구의 죄든지 사하면 사하여질 것이요 누구의 죄든지 그대로 두면 그대로 있으리라 하시니라 요 20:22-23

가정의 측면에서는 아버지와 아들이 되는 과정이고 나라의 측면에서 그의 백성이 되는 과정이며 결혼의 측면에서는 서로 먹고 마심으로 안에 거하여 한 몸을 이루는 과정이 됩니다. 그리고 하나님의 형상을 회복하는 측면에서는 머리로 주님이 계시고 몸으로 성도가 있으니 그의 형상을 회복하는 것입니다. 신실하신 하나님은 성경에 미리 언약하시고 그 언약을 신실하게 이루셨습니다.

하나님은 창세 전에 택정하셨기에 이미 알고 계신 자들에게 찾아오셔서 만나 주십니다. 이제 예수님을 믿고 거듭난 사람들은 더 이상 죄인이거나 과부, 객, 고아, 나그네가 아닙니다. 예수 그리스도로 인하여 의인이 되었으며 하나님과 한 몸 된 신부요, 아내이며 아들이며 친(親) 백성입니다. 존재의 신분이 바뀌었고 지옥이 아닌 천국의 백성이 되어 영원히 결혼되어 사는 자가 되었습니다(마 22:1-14).

내가 들으니 보좌에서 큰 음성이 나서 이르되 보라 하나님의 장막이 사람들과 함께 있으매 하나님이 그들과 함께 계시리니 그들은 하나님의 백성이 되고 하나님은 친히 그들과 함께 계셔서 모든 눈물을 그 눈에서 닦아 주시니 다시는 사망이 없고 애통하는 것이나 곡하는 것이나 아픈 것이 다시 있지 아니하리니 처음 것들이 다 지나갔음이러라 계 21:3-4

3. 한 몸 되기

하늘에 있는 것이나 땅에 있는 것이나 모두 그리스도안에서 통일 되게 하시듯, 하나님과 성도가 한 몸을 이루는 것이 하나님의 창조의 목적이며 영원한 경륜의 완성입니다(엡 1:10, 4:6).

그러므로 하나님께서 신부 얻음이 목적임을 보면 창조도, 예수님 오심도, 십자가에서 죽으시고 부활하심도, 성령 부어 주심도, 주의 재림도 모두 때가 찬 경륜의 표출 과정입니다. 예수님은 이러한 아버지의 영원한 뜻을 이루시기 위하여 오셨고 그 목적을 따라 기도하셨으며 그 일을 온전히 이루셨습니다(요 17장).

> 나는 세상에 더 있지 아니하오나 그들은 세상에 있사옵고 나는 아버지께로 가옵나니 거룩하신 아버지여 내게 주신 아버지의 이름으로 그들을 보전하사 우리와 같이 그들도 하나가 되게 하옵소서 요 17:11

> 아버지여, 아버지께서 내 안에, 내가 아버지 안에 있는 것 같이 그들도 다 하나가 되어 우리 안에 있게 하사 세상으로 아버지께서 나를 보내신 것을 믿게 하옵소서 내게 주신 영광을 내가 그들에게 주었사오니 이는 우리가 하나가 된 것 같이 그들도 하나가 되게 하려 함이니이다 곧 내가 그들 안에 있고 아버지께서 내 안에 계시어 그들로 온전함을 이루어 하나가 되게 하려 함은 아버지께서 나를 보내신 것과 또 나를 사랑하심 같이 그들도 사랑하신 것을 세상으로 알게 하려 함이로소이다 요 17:21-23

하나님 아버지의 목적대로 예수님은 기도하셨고 그 목적대로 성도들에게 기도하게 하셨습니다.

> 나라가 임하시오며 뜻이 하늘에서 이루어진 것 같이 땅에서도 이루어지이다 오늘 우리에게 일용할 양식을 주시옵고 마 6:10-11

뜻이 하늘에서 이루어진 것은 삼일(三一) 하나님이 서로 안에 내재(內在)하여 계심으로 연합되어 있음을 의미합니다. 이와 같이 예수님을 먹고 마심으로 연합된 자들끼리도 하늘에서 연합된 삼일 하나님처럼 하나가 되어 주 안에 있기를 원하시는 것입니다. 그렇게 하나 되는 방법은 '믿는' 것이며(엡 3:17) 믿는 표적은 양식을 '먹는' 것입니다(요 6:28-29).

그들이 묻되 우리가 어떻게 하여야 하나님의 일을 하오리이까 예수께서 대답하여 이르시되 하나님께서 보내신 이를 믿는 것이 하나님의 일이니라 하시니 요 6:28-29

볼지어다 내가 문 밖에 서서 두드리노니 누구든지 내 음성을 듣고 문을 열면 내가 그에게로 들어가 그와 더불어 먹고 그는 나와 더불어 먹으리라 계 3:20

그러므로 '뜻이 하늘에서 이룬 것같이 땅에서도 이루어지이다'란 기도 다음에 일용할 양식의 기도가 뒤따라오는 것입니다. 성도는 그리스도의 살과 피를 먹고 마시며 그분 안에 거하고 그리스도는 성도를 양식으로 취하여 드심으로 성도를 그분의 안에 넣으십니다. 이렇게 잘 짜여져 연합됨을 결혼이라 합니다. 세상에서 사람이 하나님을 만나는 것만큼 소중한 것은 없습니다. 자격 없는 죄인들이 하나님의 사랑을 입어 영원한 생명을 얻어 영원한 결혼의 행복을 누립니다.

한마디로 종합하자면, 하나님은 창세 전에 결혼을 계획하셨고 창세기 1장과 2장에 당신의 뜻을 아담과 하와로 시작하셨습니다. 때가 되니 실제 신랑이신 둘째 아담 예수 그리스도가 오셨고, 그의 신부요 아내인 교회를 얻으셨습니다. 개인 성전을 얻으신 주님은 개인 성전끼리도 서로 하나 되게 하여 연합 도성인 새 예루살렘 곧 창세 전에 계획한 신부를 얻게 되시는 것입니다. 이 결혼이 구원의 완성이며, 건축의 완성이고 계명의 완성입니다.

보좌에 앉으신 이가 이르시되 보라 내가 만물을 새롭게 하노라 하시고 또 이르시되 이 말은 신실하고 참되니 기록하라 하시고 또 내게 말씀하시되 이루었도다 나는 알파와 오메가요 처음과 마지막이라 내가 생명수 샘물을 목마른 자에게 값없이 주리니 이기는 자는 이것들을 상속으로 받으리라 나는 그의 하나님이 되고 그는 내 아들

이 되리라 계 21:5-7

그러나 신랑을 만나지 못하는 영적인 과부들은 사단의 아내인 바벨 성이 되어 영원한 심판인 둘째 사망, 불 못으로 가게 됩니다.

그러나 두려워하는 자들과 믿지 아니하는 자들과 흉악한 자들과 살인자들과 음행하는 자들과 점술가들과 우상 숭배자들과 거짓말하는 모든 자들은 불과 유황으로 타는 못에 던져지리니 이것이 둘째 사망이라 계 21:8

불 못에 가는 자들은 구원받지 못한 자요, 어린 양의 신부도, 하나님 나라 백성도, 하나님 아버지의 아들들도 아닙니다. 그들은 건축의 터도 없을뿐더러 건축을 해도 '나무나 풀이나 짚' 즉 '자기의 의(義)'로 세워진, 하늘 나라에 전혀 무가치하고 불필요한 '바벨 성'일 뿐입니다.

내게 주신 하나님의 은혜를 따라 내가 지혜로운 건축자와 같이 터를 닦아 두매 다른 이가 그 위에 세우나 그러나 각각 어떻게 그 위에 세울까를 조심할지니라 이 닦아 둔 것 외에 능히 다른 터를 닦아 둘 자가 없으니 이 터는 곧 예수 그리스도라 만일 누구든지 금이나 은이나 보석이나 나무나 풀이나 짚으로 이 터 위에 세우면 각 사람의 공적이 나타날 터인데 그 날이 공적을 밝히리니 이는 불로 나타내고 그 불이 각 사람의 공적이 어떠한 것을 시험할 것임이라 만일 누구든지 그 위에 세운 공적이 그대로 있으면 상을 받고 누구든지 그 공적이 불타면 해를 받으리니 그러나 자신은 구원을 받되 불 가운데서 받은 것 같으리라 고전 3:10-15

결혼,
세 방면으로
바라보기

1. 영의 측면

2. 혼의 측면

3. 몸의 측면

* 사람의 구조로 본 구원의 3단계
(도표는 부록 페이지에 있음)

구원에 관한 확고한 성경적 지식을 확립하지 않으면 이단 사이비의 주장에 휘둘리기 쉽습니다. 구원의 세 방면 곧 영과 혼과 몸이 주와 어떻게 연합되는가를 분명히 알아야 성도의 영과 혼과 몸이 주와 하나 되어 결혼을 이루는 놀라운 비밀을 깨닫게 됩니다.

Chapter 3
결혼,
세 방면으로 바라보기

결혼은 둘이 하나가 되는 비밀이라 하였습니다.

창세 전에 계획하신 하나님의 뜻이 사람과 하나 되는 것이었고, 그 뜻을 따라 언약하셨으며 그 언약대로 오셔서 한 몸을 이루셨습니다. 남편이 머리이니 그리스도가 머리 되시고 그의 아내인 교회는 몸이 됩니다.

결혼은 히브리어로 '바알'(בעל)인데 '주인이 되다, 소유하다, 다스리다'란 의미입니다. 그리스도께서 아버지의 뜻대로 교회를 아내로 맞이하여 결혼을 하시는데, 머리로서 그 몸의 주인이 되시는 것입니다. 그래서 그를 소유하시고 다스리십니다. 상형 문자로 되어있는 히브리어 각각의 철자가 담고 있는 의미를 가지고 파자(破字)하여 '바알'이란 뜻을 살펴보면 더욱 이해가 잘 됩니다.

먼저 '베이트'(ב)는 '집'을 뜻하는데 은유적으로 '성전, 건축, 거처, 세움'이라고 해석이 됩니다. '아인'(ע)은 '눈'을 뜻하는데 은유적으로 '빛, 얼굴, 알다'란 의미이고, '라메드'(ל)는 '소몰이 막대'인데 '익힘, 양육, 숙성'이란 의미입니다.

연결하여 문장을 만들면 '성전에서 진리의 빛으로 양육을 받아 한 몸으로 건축되어 지는 것'이 곧 결혼이라고 말씀하는 것입니다. 머리이신 신랑 예수님 입장에서는 자신의 몸인 진리로 신부에게 먹이고, 신부인 교회 입장에서는 머리이신 그리스도로부터 진리를 넘겨받아 성찬으로 먹으니 그의 몸으로 연합됨을 의미하는 것입니다(엡 2:21-22).

그렇다면 하나님께서 자신의 신부를 완성해 가시는 구원의 과정을 사람의 구조(構造) 중심으로 설명해 보겠습니다.

사람의 구조는 영과 혼과 몸(육)으로 이루어져 있습니다.

평강의 하나님이 친히 너희를 온전히 거룩하게 하시고 또 너희의 온 영과 혼과 몸이 우리 주 예수 그리스도께서 강림하실 때에 흠 없게 보전되기를 원하노라 살전 5:23

몸 안에 혼(마음)이 있고, 혼 곧 마음 가운데 영이 존재합니다. 이와 같이 삼분법(三分法)으로 나누어 보면 기독교의 구원론을 정확하게 이해할 수 있습니다. 이제 구원에 대하여 결혼의 측면에서 세 방면으로 살펴보기로 하겠습니다.

* 사람의 구조의 측면에서 본 구원의 3단계 의 도표는 부록 페이지에 있음.

1. 영의 측면($\pi\nu\epsilon\hat{v}\mu\alpha$, spirit)

아담의 후손으로 태어난 혈육의 모든 자손은 아담이 에덴 동산에서 범죄함으로 인하여 모두 죽게 되었습니다(엡 2:1-5). 사망 권세 아래서 아무런 선한 것을 행하지 못할 때 둘째 아담으로 예수님께서 오셔서 첫 아담의 죄를 모두 담당하시고 죽으셨습니다(롬 9:11). 그리고 부활하셔서 믿는 자들 속에 임재하여 계십니다.

> 이는 너희가 죽었고 너희 생명이 그리스도와 함께 하나님 안에 감추어졌음이라 골 3:3
>
> 법조문으로 된 계명의 율법을 폐하셨으니 이는 이 둘로 자기 안에서 한 새 사람을 지어 화평하게 하시고 엡 2:15

첫 아담의 죄는 세상 죄입니다. 예수님은 믿는 사람들의 죄만 위해 죽으신 것이 아니라 모든 세상 죄를 지고 죽으셨습니다.

> 이튿날 요한이 예수께서 자기에게 나아오심을 보고 이르되 보라 세상 죄를 지고 가는 하나님의 어린 양이로다 요 1:29

주님이 십자가 지심으로 첫 아담의 죄는 해결이 되었습니다. 그런데 이제는 사람들이 십자가의 공로를 믿지 않는 죄로 인하여 구속의 은혜가 자기의 것이 되지 못하여 멸망합니다. 첫 아담의 죄를 끝내셨기에 이젠 믿지 않는 것이 죄가 됩니다. 주님은 모든 죄를 해결해 놓으시고 복음으로써 당신의 택한 백성들을 불러 모아 심판을 면하게 하십니다.

> 죄에 대하여라 함은 그들이 나를 믿지 아니함이요 요 16:9

그러나 누구든지 예수 그리스도를 믿음으로 영접하는 자는 하나님의 자녀로 거듭나게 됩니다(요 3:16).

> 영접하는 자 곧 그 이름을 믿는 자들에게는 하나님의 자녀가 되는 권세를 주셨으니
> 이는 혈통으로나 육정으로나 사람의 뜻으로 나지 아니하고 오직 하나님께로부터 난
> 자들이니라 요 1:12-13

그 사람의 어떠한 행위와 상관없이 거듭난 자는 영생을 얻은 것이고 사망에서
생명으로 옮겨진 자들입니다(요 3:16-18).

> 내가 진실로 진실로 너희에게 이르노니 내 말을 듣고 또 나 보내신 이를 믿는 자는 영
> 생을 얻었고 심판에 이르지 아니하나니 사망에서 생명으로 옮겼느니라 요 5:24

영이 거듭난다는 것은 사람의 죽었던 영이 살아나 하나님의 아들의 영과 결혼
하여 하나가 되었다는 것입니다.

> 이는 너희가 죽었고 너희 생명이 그리스도와 함께 하나님 안에 감추어졌음이라 골 3:3

그래서 하나님의 자녀요, 백성이요, 나라가 됩니다. 그 영은 신랑과 하나 되어
있으니 결혼의 측면에서 신부입니다. 하나님께서 창세 전부터 택하시고 예정하
신 아들들을 때가 찬 경륜에 따라 드디어 만나 주실 때가 되니, 하나님이 찾아오
셔서 언약대로 만나 주신 것입니다.

성도인 우리가 자발적으로 우리의 의지에 따라 믿은 것 같지만, 그 믿음도 주
님의 것이기에(히 12:2) 주님이 선물로 주셔서 우리로 믿게 하신 것입니다(요 3-4

장). 이제 주가 내 안에, 내가 주 안에 하나 됨으로 영의 결혼이 완성되었습니다. 이 결혼을 누구도 깨뜨릴 수 없습니다. 우리의 행위로 구원 받은 것이 아니니 행위에 의해서도 깨어지지 않습니다. 따라서 사람의 영이 거듭남은 성도에게 있어서 이미 과거(became)입니다.

내가 진실로 진실로 너희에게 이르노니 내 말을 듣고 또 나 보내신 이를 믿는 자는 영생을 얻었고 심판에 이르지 아니하나니 사망에서 생명으로 옮겼느니라 요 5:24

그러므로 누구든지 예수그리스도를 구주로 영접한 사람은 하나님의 생명으로 거듭난 자로 영원히 하나님의 자녀입니다. 이 문제는 취소될 수도 없으며 떨어질 수도 없습니다. 전지전능하신 하나님께서 이루어 놓으신 열매를 누구도 빼앗을 수 없다는 의미입니다.

내가 확신하노니 사망이나 생명이나 천사들이나 권세자들이나 현재 일이나 장래 일이나 능력이나 높음이나 깊음이나 다른 어떤 피조물이라도 우리를 우리 주 그리스도 예수 안에 있는 하나님의 사랑에서 끊을 수 없으리라 롬 8:38-39

그러나 하나님의 생명으로 거듭났다 할지라도 혼의 구원과 몸의 구원은 아직 남아있습니다.

2. 혼(마음)의 측면($\Psi v x \acute{\eta}$, soul)

형제들아 내가 그리스도 예수 우리 주 안에서 가진 바 너희에 대한 나의 자랑을 두고

단언하노니 나는 날마다 죽노라 고전 15:31

영은 하나님의 영으로 이미 거듭나서 하나로 묶여 견고하나 혼은 그렇지 않습니다.

혼, 곧 마음은 오늘도 예수님과 하나 되기도 하고 떨어져 나뉘기도 합니다. 결혼의 용어로 표현한다면 순간순간 결혼 되었다가 이혼 되었다가 하는 상태입니다. 그것을 사도 바울의 표현으로 말하자면 '날마다 죽고 사는 상태'입니다. 그러나 아무리 마음이 주로부터 떨어져 괴로울지라도 구원의 주이시요 신랑이신 그리스도를 부인(否認)할 수 없습니다. 이것이 자녀 된 확증이며 신부로 택함 받은 영 구원의 확증입니다.

부연 설명을 해보겠습니다. 성도인 우리는 이미 예수님을 영접하여 생명으로 거듭나 하나님의 자녀가 되었습니다. 그럼에도 불구하고 어떤 요인(要因)에 의하여 마음이 상할 때가 있습니다. 때로는 환경의 문제, 부부의 문제, 관계의 문제로 화도 날 수 있고 미움과 원망이 가득하여 마음(혼)에 온갖 악한 생각이 들기도 합니다. 감사와 찬송과 영적인 생활에서 멀어지기도 합니다. 그런데도 마음 속 깊은 곳에는 하나님을 부인하거나 하나님이 없다 하지 못합니다. 내 혼은 죽을 지경일지라도 내 영 안에서는 예수 그리스도를 인정하고 믿으며 도리어 그 영에 의하여 회개하고 위로와 혼의 구원을 얻습니다. 이렇게 부인할 수 없는 그 영역이 주와 함께 하나 된 영입니다. 오히려 영 안에 함께 계신 그리스도의 통치로 인하여 온 혼(마음)이 구원을 얻어 다시 기쁨이 충만해집니다.

사도 바울이 로마서를 기록할 때는 거듭난 지 오랜 기간이 지난 때입니다. 그럼에도 로마서 7장을 보면 사도 바울이 죽을 만큼 힘들어하는 것을 보게 됩니다.

오호라 나는 곤고한 사람이로다 이 사망의 몸에서 누가 나를 건져내랴 우리 주 예수 그리스도로 말미암아 하나님께 감사하리로다 그런즉 내 자신이 마음으로는 하나님의 법을 육신으로는 죄의 법을 섬기노라 롬7:24-25

죄와 사망의 법과 하나가 되어 있을 때는 사망의 맛을 보게 되고, 로마서 8장으로 넘어가 생명과 성령의 법 아래 있게 되면 천국을 맛보게 됩니다.

성도라면 누구나 날마다 죽고 사는 체험을 하게 되는데, 그 와중에도 밤(죽음)과 낮(부활)을 지나며 알게 모르게 자라가는 것입니다. 눈에 띄지 않는 사이에 조금씩 성장해 가고 그리스도의 형상을 회복해 가는 것입니다.

건축의 측면에서는 하나님의 뜻대로 건축되어가는 과정이고, 결혼의 측면에서는 신랑의 수준에 걸맞은 진정한 신부로 단장되어가는 과정이라 할 수 있을 것입니다.

창세기 1장에 보면 저녁이 되고 아침이 되니 한 날이 지나가며, 6일째 되니 아담을 머리로 한 하와가 한 몸이 되는 결혼으로 완성되는 것과 같습니다.

창세기 1장의 창조의 내용은 하나님의 목적인 신부가 완성되어가는 과정을 그려 놓은 것입니다. 오늘 우리도 저녁이 되고 아침이 되며 하루가 지나는 과정 속에서 성장해 갑니다. 이 비밀은 깊고도 오묘합니다. 예수님은 생명의 빛이십니다(요 1:4, 요 9:5). 예수님께서 세상에 오시기 전의 이 세상은 칠흑(漆黑)같은 어둠이었습니다. 예수님께서 오셔서 생명의 빛을 밝히시고 믿는 성도에게 그 빛을 붙잡게 하셨습니다(살전 5:5).

저녁은 밤이니 십자가와 관계가 있고 아침은 낮이니 부활과 관계가 있습니다. 밤은 죄와 사망과 혈육에 관계가 있고 낮은 빛과 생명과 성령과 부활에 관계가 있습니다.

따라서 구원 받은 성도의 혼이 주의 영에 순종함으로 통치를 받으면 하나님의 어떠함이 곧 성도의 어떠함이 됩니다. 이렇게 하나 된 것을 결혼이라 하고 하나님과의 관계가 원만함은 장성해 가고 있다는 증거입니다. 낮이 길어지고 주님과 떨어지지 않는 한 몸의 날이 점점 길어지는 것과 같습니다.

그가 밤낮 자고 깨고 하는 중에 씨가 나서 자라되 어떻게 그리 되는지를 알지 못하느니라 막 4:27

이렇게 밤낮 자고 깨는 사이 장성하면서 아름다운 신부로 단장이 되어 갑니다. 이제 혼의 결혼의 단계에서 신랑과의 누림이 더욱 커지고, 밤(죄와 사망)이 없는 낮(은혜와 생명)으로 살게 됩니다. 비로소 신랑 되신 주님과의 결혼 생활이 원만해집니다.

그 성은 해나 달의 비침이 쓸 데 없으니 이는 하나님의 영광이 비치고 어린 양이 그 등불이 되심이라 만국이 그 빛 가운데로 다니고 땅의 왕들이 자기 영광을 가지고 그리로 들어가리라 낮에 성문들을 도무지 닫지 아니하리니 거기에는 밤이 없음이라 계 21:23-25

성도의 혼(마음)이 그리스도의 장성한 분량에 이르러 순종하게 되면 그 단계에 이른 만큼의 누림이 있게 되고, 그는 하나님 나라를 위해 영향력을 끼치는 단계까지 이르게 됩니다. 머리요, 신랑이신 그리스도가 그 몸인 성도를 통하여 흘러나오기 때문입니다. 세상에서도 결혼한 여자에게서는 남편의 어떠함들이 은 연중에 나타나는 것과 같이 그리스도의 향기, 형상, 빛 비추임들이 더하여져서 이웃에게까지 전달됩니다.

우리가 다 하나님의 아들을 믿는 것과 아는 일에 하나가 되어 온전한 사람을 이루어 그리스도의 장성한 분량이 충만한 데까지 이르리니 이는 우리가 이제부터 어린 아이 가 되지 아니하여 사람의 속임수와 간사한 유혹에 빠져 온갖 교훈의 풍조에 밀려 요 동하지 않게 하려 함이라 오직 사랑 안에서 참된 것을 하여 범사에 그에게까지 자랄 지라 그는 머리니 곧 그리스도라 그에게서 온 몸이 각 마디를 통하여 도움을 받음으 로 연결되고 결합되어 각 지체의 분량대로 역사하여 그 몸을 자라게 하며 사랑 안에 서 스스로 세우느니라 엡 4:13-16

남편의 생각과 하나 되어 남편의 어떠함들이 곧 아내의 어떠함이 되어 비로 소 신랑을 돕는 배필로서 여자의 지음 받은 목적에 합당한 상태에 이르게 됩니 다(창 2:18). 이것이 혼들의 구원이요, 혼들의 결혼입니다.

어쩌면 이 책에 쓰여진 혼과 혼들의 구원, 혼들의 결혼, 혼들의 이혼이라는 내 용들을 읽을 때 대단히 낯설게 느껴질 수도 있을 것입니다. 그동안 교계에서 많 이 사용되지 않던 용어들이 나타나기에 그럴 것입니다. 그러나 이 책의 모든 내 용들은 성경의 원어들을 하나하나 세밀하고도 정밀하게 풀어서 설명하고자 성 령님의 인도하심을 구하며 기록한 것들입니다.

믿음의 결국 곧 영혼(혼들)의 구원을 받음이라 벧전 1:9

이 구절은 영이 구원을 받아 믿음 생활한 결과로 혼들의 구원을 받는다는 말씀입니다. 우리가 쓰고 있는 성경에는 영혼의 구원을 받는다고 기록되어 있으나, 원어 성경이나 킹제임스 영어 성경에는 혼들로 기록되어 있습니다. 실제로 우리 성경에 영혼이라 번역된 용어의 대부분이 원어 성경에는 '혼'으로 되어 있습니다. 원어 성경으로 사람의 몸의 구조를 보면 그 존재의 위치가 영은 마음(혼)이 싸고 있고, 혼은 몸이 싸고 있습니다. 셋이 모여 하나를 이루고 있는 것입니다.

너희가 아들이므로 하나님이 그 아들의 영을 우리 마음 가운데 보내사 아빠 아버지라 부르게 하셨느니라 갈 4:6

평강의 하나님이 친히 너희를 온전히 거룩하게 하시고 또 너희의 온 영과 혼과 몸이 우리 주 예수 그리스도께서 강림하실 때에 흠 없게 보전되기를 원하노라 살전 5:23

하나님의 말씀은 살아 있고 활력이 있어 좌우에 날선 어떤 검보다도 예리하여 혼과 영과 및 관절과 골수를 찔러 쪼개기까지 하며 또 마음의 생각과 뜻을 판단하나니 히 4:12

그러므로 성도는 영이 주와 하나 되어 있고 그 영에게 통치를 받으면 혼이 천국을 누립니다. 혼 안에는 사람의 지, 정, 의가 있어 말씀의 지식으로 생각하고 결정하여 몸으로 행하게 되는 것입니다. 마음에 비추이는 말씀과 그 영이 몸을 통하여 나타나는 것이 사람들에게 빛으로 보여지는 것입니다. 따라서 사람이 옳은 행실을 가지기 위해 마음에 진리의 말씀을 듣고, 읽어 새겨야 합니다. 진리로 옳은 생각이 지배할 때 옳은 행동이 나올 수 있기 때문입니다. 이것을 혼들의 구원이라 합니다.

3. 몸의 측면($\sigma\hat{\omega}\mu\alpha$, body)

사람이 태어날 때 누구나 다 벌거벗고 태어나지만, 그의 자람과 삶의 모습은 각각 다르게 나타납니다. 이와 같이 성도도 주의 영으로 다 같이 거듭나지만 그가 어떻게 신앙생활을 하느냐에 따라 삶과 영광은 다르게 나타납니다. 어떤 이는 해 같은 영광으로, 어떤 이는 달 같은 영광으로, 어떤 이는 별 같은 영광으로, 또는 별과 별의 영광으로 각각 차별이 생겨나게 됩니다. 혼의 결혼 상태에 따라 몸의 부활의 결과가 다르게 나타나는 것입니다.

> 하늘에 속한 형체도 있고 땅에 속한 형체도 있으나 하늘에 속한 것의 영광이 따로 있고 땅에 속한 것의 영광이 따로 있으니 해의 영광이 다르고 달의 영광이 다르며 별의 영광도 다른데 별과 별의 영광이 다르도다 고전 15:40-41

신랑 예수와 함께 결혼이 된 성도는 각각의 영광이요, 그러한 성도들의 모임인 교회에게 나타나는 영광은 새 예루살렘 성의 단체적 영광입니다.

개인의 영광은 성도가 머리이신 그리스도를 순종하여 주와 연합함으로 나타나는 것입니다. 그의 영이 거듭나고 혼의 성숙을 통하여 몸으로 나타날 때 사랑의 연합을 이룰 수 있습니다. 따라서 개인으로 주와 함께 연합되는 자가 우주적인 주님의 연합된 몸 곧 교회에 합하여 지체(肢體)로서의 기능을 발휘할 수 있습니다. 성도가 성도들끼리 서로 섬기며 사랑하는 열매가 연합입니다. 이것이 대우주(大宇宙)적인 주님의 몸을 세워가는 길이며 우주적인 신랑과 우주적인 신부가 결혼으로 연합하는 주님의 몸의 완성입니다.

그런데 누구 못지않게 열심히 신앙 생활을 하면서도 자기만의 개인적인 신앙에 집중하면서 단체적인 우주적 연합에 대해서는 소홀하거나 관심을 가지지 않는 경우가 적지 않습니다. 그러나 성도 개개인의 신앙 척도는 단체에서 발휘되며 단체에서 평가됩니다. 신앙이 좋다는 사람이 단체의 연합에 미숙하다면 그는 개인 신앙 상태에 머무르고 있는 것으로서 충분히 성장한 신앙인이라고 보기에는 미흡합니다. 성숙한 신앙인이 되기 위해서는 새 예루살렘 성의 이상을 바라보는 데까지 성장할 필요가 있으며 그러기까지는 주의 손 아래에서 합당한 연단을 받게 됩니다. 이는 신랑과 분리 독립되어 살던 자기의 의가 십자가에서 더 많이 처리 받아야 할 숙제를 가지고 있는 상태인 것입니다. 자기가 부인된 만큼, 자기 생명을 미워한 만큼 예수님의 의를 추구하게 되고 전적으로 예수님의 의의 통치를 받는 겸손한 신부로 성숙하게 되는 것이기 때문입니다. 이것이 땅에서 교회가 마지막 때가 가까울수록 모이기에 힘써야 할 근거가 됩니다. 만일 성도가 한 생명과 한 뜻으로 연합된다면 그것이 바로 장성한 신앙이며 신부로 잘 단장된 상태로서 우주적 결혼에 초청을 받게 될 것입니다(계 19:7-9).

모이기를 폐하는 어떤 사람들의 습관과 같이 하지 말고 오직 권하여 그 날이 가까움을 볼수록 더욱 그리하자 히 10:25

보라 형제가 연합하여 동거함이 어찌 그리 선하고 아름다운고 머리에 있는 보배로운 기름이 수염 곧 아론의 수염에 흘러서 그의 옷깃까지 내림 같고 헐몬의 이슬이 시온의 산들에 내림 같도다 거기서 여호와께서 복을 명령하셨나니 곧 영생이로다 시 133:1-3

우리가 즐거워하고 크게 기뻐하며 그에게 영광을 돌리세 어린 양의 혼인 기약이 이르렀고 그의 아내가 자신을 준비하였으므로 그에게 빛나고 깨끗한 세마포 옷을 입도록 허락하셨으니 이 세마포 옷은 성도들의 옳은 행실이로다 하더라 천사가 내게 말하기를 기록하라 어린 양의 혼인 잔치에 청함을 받은 자들은 복이 있도다 하고 또 내게 말하되 이것은 하나님의 참되신 말씀이라 하기로 계19:7-9

이렇게 완성된 주님의 거룩하고 영광스러운 신부는 그 재료가 거룩이기에 '거룩한 도성'이라 합니다.

또 내가 보매 거룩한 성 새 예루살렘이 하나님께로부터 하늘에서 내려오니 그 준비한 것이 신부가 남편을 위하여 단장한 것 같더라 계 21:2

성령으로 나를 데리고 크고 높은 산으로 올라가 하나님께로부터 하늘에서 내려오는 거룩한 성 예루살렘을 보이니 계 21:10

사랑의 재료로 건축되어 졌기에 주의 '사랑하시는 도성'이라 합니다.

그들이 지면에 널리 퍼져 성도들의 진과 사랑하시는 성을 두르매 하늘에서 불이 내려와 그들을 태워버리고 계 20:9

그 성이 주님의 생명, 사랑과 은혜의 에봇이 입혀졌기에 지극히 영광스럽습니다 (시133편).

보라 형제가 연합하여 동거함이 어찌 그리 선하고 아름다운고 머리에 있는 보배로운 기름이 수염 곧 아론의 수염에 흘러서 그의 옷깃까지 내림 같고 헐몬의 이슬이 시온의 산들에 내림 같도다 거기서 여호와께서 복을 명령하셨나니 곧 영생이로다 시 133:1

아론은 구약의 대제사장으로서 실제의 영원한 대제사장인 그리스도의 표상입니다. 대제사장이 입었던 에봇은 그리스도의 의를 의미하니 주의 몸인 교회가 입는 의입니다(갈 3:27). 그 몸은 주의 살과 피를 나누어 먹고 연합하여 한 몸을 이루어 주의 집에 동거하는 자들입니다. 서로 사랑으로 하나 되니 선하고 아름답지 않을 수 없습니다. 머리이신 그리스도와 사랑으로 하나된 교회에 주의 성령이 흘러내려 덮는 것을 노래한 것입니다. 오직 그 안에 영생이 있습니다. 주의 몸이요, 교회이며, 새 예루살렘 성이 거룩하고 영광스럽습니다.

하나님의 영광이 있어 그 성의 빛이 지극히 귀한 보석 같고 벽옥과 수정 같이 맑더라 계 21:11

그 성은 머리이신 그리스도와 몸인 교회의 연합된 결정체이므로 그 완성된 재료가 곧 완성된 성도들입니다. 머리의 어떠함처럼 몸도 머리의 어떠함 같이 된 것입니다. 머리가 거룩하니 몸이 거룩하고, 머리가 사랑이니 몸도 사랑이 되고, 머리가 말씀이니 몸도 말씀이 되고, 머리가 영광스러우니 몸도 그의 영광을 입었습니다.

죄가 없는, 어둠이 없는, 더 이상 저주나 사망이 없는 완성된 열매요, 하나님의 작품입니다. 옛것은 십자가에서 처리 받고 생명 안에서 새것이 된 영원한 결혼, 영원한 한 몸입니다. 오늘 교회가 이 빛을 속히 보아야 합니다. 만일 교회가 나 홀로 신앙, 나 홀로의 교회로서 나만 형통하면 그만이라고 여기며 연합에서 분리된 독자적 상황에 만족한다면 그는 미성숙함 속에 머물러 있는 것입니다. 예수님께서 하늘에 홀로 계시지 않고 이 세상에 오셔서 자기의 성도와 함께 짜여져서 연합을 이룬 것과 같이 성도도 서로 모여 공급 받으며 성숙해 갑니다. 그 성숙은 여러 지체들을 위하여 있게 되고 연합 안에서 점검되어야 합니다.

이는 성막의 천들이 여인들의 손에서 공교하게 짜여져서 하나를 이룬 것과 같고, 성전의 돌들이 건축자의 원함을 따라 자리 배치되어 건축되므로 견고하고도 아름답게 빛나는 것과 같습니다.

또한 주의 몸의 측면에서 보면 각 지체들이 각각의 자리에서 각각의 사명을 감당하되 몸 전체를 위하여 존재함과 같습니다(고전 12장). 이것이 창세 전 하나님께서 계획하신 목적입니다(고전 12:1-31).

결국 성도는 영 안에 계신 주님의 공급함이 온 마음(혼)에 이르고 마음에 충만함이 온 몸에 나타나니 그리스도의 인격입니다. 그 인격은 예수님의 어떠함들입니다. 곧 그리스도의 신성과 인성의 열매들입니다. 이러한 열매들이 생명의 빛이니 그 빛으로 많은 사람들을 옳은 데로 인도하게 되고 더욱 하나로 건축을 이루어 갑니다. 좀 더 구체적으로 표현한다면 예수님을 영접한 몸이라면 그는 개인적으로 이미 성전입니다. 새 예루살렘 성은 개인적으로 성전이 되어진 성도가 모인 공동체로서 우주적인 단체 성전입니다.

몸의 부활의 측면에서 이해한다면 성도의 몸이 죽어 영원한 새 몸으로 부활함을 입은 공동체는 우주적인 예수님의 몸의 부활을 이루는 것입니다. 예수님도 개인적으로 부활의 몸을 입으셨습니다. 그러나 예수님의 우주적인 단체적 몸은 부활함을 입은 성도들로 구성이 됩니다(계 21:3-4).

신랑과
신부의 누림을
방해하는 원수

1. 시발점
아담과 하와를 미혹함

2. 그리고
예수님과 그의 신부인
성도들을 끊임없이 미혹함

3. 계속해서
동일한 방법으로
성도들을 미혹함

그리스도와 교회의 결혼을 시기 질투하며 방해하는 원수가
있습니다. 마귀가 신부를 미혹하는 세 가지 방식에 대하여
알아봅니다. 또한 아무리 우주적인 큰 방해가 있다 하더라도
마침내 완성해 내시는 하나님의 열심을 깨닫는 순간 범사에
감사가 넘쳐나게 될 것입니다.

신랑과 신부의
누림을 방해하는 원수

하나님의 창세 전의 계획과 목적이 그러할진대 이를 방해하는 원수가 있습니다. 그 방해자의 첫째는 하늘에서 하나님의 보좌를 넘보다가 심판을 받고 우주 안으로 내어 쫓긴 사단, 곧 마귀입니다.

너 아침의 아들 계명성이여 어찌 그리 하늘에서 떨어졌으며 너 열국을 엎은 자여 어찌 그리 땅에 찍혔는고 네가 네 마음에 이르기를 내가 하늘에 올라 하나님의 뭇 별 위에 내 자리를 높이리라 내가 북극 집회의 산 위에 앉으리라 가장 높은 구름에 올라가 지극히 높은 이와 같아지리라 하는도다 그러나 이제 네가 스올 곧 구덩이 맨 밑에 떨어짐을 당하리로다 사 14:12-15

큰 용이 내쫓기니 옛 뱀 곧 마귀라고도 하고 사단이라고도 하며 온 천하를 꾀는 자라 그가 땅으로 내쫓기니 그의 사자들도 그와 함께 내쫓기니라 계 12:9

그는 교만함으로 하나님의 왕국을 찬탈하여 스스로 왕이 되기를 원하였습니다.

사단의 교만은 반란으로 드러났으며 그의 사자들과 함께 우주의 흑암 안으로 쫓겨났습니다. 어두움의 주관자가 되어 세상 임금으로 존재하며 하나님의 형상으로 지음 받은 사람들을 밤낮을 가리지 않고 미혹합니다. 그리고 하나님이 아닌 자기를 우상으로 숭배하게 합니다.

우상이란 히브리어로 '기룰'(גִּלּוּל)인데 '우상, 통나무'라는 말로 '구르다, 굴러 떨어지다'의 의미를 가진 '가랄'(גָּלַל)에서 유래한 말입니다.

사단은 세상의 신이요, 우상으로 굴러 떨어지는 것이 그의 운명입니다. 처음엔 하늘에서 굴러 떨어졌고, 다음은 공중에서 땅으로 굴러 떨어지며(계 12:9), 그 다음은 무저갱(無底坑)으로, 그 다음은 영원한 불 못으로 굴러 떨어집니다. 그러므로 굴러 떨어지는 사단과 함께 하는 사람들은 함께 굴러 떨어집니다. 그러나 아직 불 못에 가지 않고 주께서 허락하시는 때까지 우주 안에서 공중 권세를 잡고 자기 나라를 통치하고 있습니다.

우주 안에는 두 나라가 존재합니다. 나라는 왕(통치자)과 법(힘, 권세)과 영토(영역)와 백성(왕의 수종자들)으로 구성되어 있습니다.

> ### 나라 구성의 4대 요소
> 國(나라) = 一(왕, 주권자) + 口(백성) + 戈(힘, 권세) + 口(영토)

하나님의 나라는 하나님이 왕이시고 그의 통치를 받는 백성이 있습니다. 사단의 왕국은 그가 왕이고 그의 통치를 받는 백성들이 있습니다.

그 백성들을 성경은 성으로 표현했는데 하나님 나라의 왕국은 예루살렘 성이고 사단의 왕국은 바벨 성입니다. 새 예루살렘 성은 주의 신부요 아내이며 주님의 나라이고, 바벨 성은 사단의 신부요 아내이며 사단의 나라입니다. 새 예루살렘 성은 영원하지만 바벨 성은 심판으로 사라지는 것이 성경의 결론입니다(계 17-18장, 벧후 3장). 결국 마귀와 그의 신부 바벨 성은 예수님과 그의 신부 새 예루살렘 성이 완성되어 가는 과정에서 방해자의 역할로 쓰임 받는 도구에 불과한 것입니다.

사단은 예수님의 신부를 미혹하여 머리이신 그리스도로부터 분리 독립시켜 자기의 몸이 되게 하려고 합니다. 반대로 예수님의 사역은 사단의 몸인 바벨 성에서 자기의 백성이요 신부를 분리해 내어 주님과 한 몸 되게 하려고 하는 것입니다.

마치 애굽에서 바로의 통치로 고통을 받고 있는 하나님의 백성들을 모세를 세워 이끌어 내시고 이스라엘이라는 하나님의 나라를 만드시는 것과 같습니다. 오늘 성도는 하나님 나라 왕이신 예수님의 통치를 받으며 그 사역을 돕는 배필로서의 사명을 맡은 것입니다.

사단의 미혹에는 일관된 방식과 내용들이 있습니다.

1. 시발점 – 아담과 하와를 미혹함

하나님은 이 땅에 하나님의 나라를 세우시기 원하셔서 최초의 성전인 에덴 동산을 창설하셨습니다.

그곳에 장래 그리스도와 교회의 표상으로 아담과 하와를 만드셨습니다. 사단은 하나님의 계획을 방해하기 위하여 에덴에 침투해 들어왔습니다. 하와를 미혹하여 선악과를 먹게 함으로써 하나님을 떠나게 하였습니다 (창 3장).

그런데 뱀은 여호와 하나님이 지으신 들짐승 중에 가장 간교하니라 뱀이 여자에게 물어 이르되 하나님이 참으로 너희에게 동산 모든 나무의 열매를 먹지 말라 하시더냐 여자가 뱀에게 말하되 동산 나무의 열매를 우리가 먹을 수 있으나 동산 중앙에 있는 나무의 열매는 하나님의 말씀에 너희는 먹지도 말고 만지지도 말라 너희가 죽을까 하노라 하셨느니라 뱀이 여자에게 이르되 너희가 결코 죽지 아니하리라 너희가 그것을 먹는 날에는 너희 눈이 밝아져 하나님과 같이 되어 선악을 알 줄 하나님이 아심이니라 여자가 그 나무를 본즉 먹음직도 하고 보암직도 하고 지혜롭게 할 만큼 탐스럽기도 한 나무인지라 여자가 그 열매를 따먹고 자기와 함께 있는 남편에게도 주매 그도 먹은지라 창 3:1-6

이것이 우주 안에 최초의 미혹입니다. 하나님의 목적과 계획과 경영을 방해하여 자기의 나라로 찬탈(簒奪)하려는 사단의 일입니다. 진 자는 이긴 자의 종이 되는 것이 법칙입니다.

그들에게 자유를 준다 하여도 자신들은 멸망의 종들이니 누구든지 진 자는 이긴 자의 종이 됨이라 벧후 2:19

사단에게 미혹을 받아 하나님을 불순종한 인간은 사망을 당하여 그의 나라 백성이 되었고 사단은 공중 권세를 잡은 세상의 임금이 되었습니다.

그 때에 너희는 그 가운데서 행하여 이 세상 풍조를 따르고 공중의 권세 잡은 자를 따랐으니 곧 지금 불순종의 아들들 가운데서 역사하는 영이라 엡 2:2

심판에 대하여라 함은 이 세상 임금이 심판을 받았음이라 요 6:11

2. 그리고 - 예수님과 그의 신부인 성도들을 끊임없이 미혹함

그 때에 예수께서 성령에게 이끌리어 마귀에게 시험을 받으러 광야로 가사 사십 일을 밤낮으로 금식하신 후에 주리신지라 시험하는 자가 예수께 나아와서 이르되 네가 만일 하나님의 아들이어든 명하여 이 돌들로 떡덩이가 되게 하라 예수께서 대답하여 이르시되 기록되었으되 사람이 떡으로만 살 것이 아니요 하나님의 입으로부터 나오는 모든 말씀으로 살 것이라 하였느니라 하시니 이에 마귀가 예수를 거룩한 성으로 데려다가 성전 꼭대기에 세우고 이르되 네가 만일 하나님의 아들이어든 뛰어내리라 기록되었으되 그가 너를 위하여 그의 사자들을 명하시리니 그들이 손으로 너를 받들어 발이 돌에 부딪치지 않게 하리로다 하였느니라 예수께서 이르시되 또 기록되었으되 주 너의 하나님을 시험하지 말라 하였느니라 하시니 마귀가 또 그를 데리고 지극히 높은 산으로 가서 천하 만국과 그 영광을 보여 이르되 만일 내게 엎드려 경배하면 이 모든 것을 네게 주리라 이에 예수께서 말씀하시되 사단아 물러가라 기록되었으되 주 너의 하나님께 경배하고 다만 그를 섬기라 하였느니라 이에 마귀는 예수를 떠나고 천사들이 나아와서 수종드니라 마 4:1-11

마귀는 에덴 동산에서 아담과 하와를 미혹하던 수법으로 하나님의 아들 예수님까지 미혹하고자 하였습니다.

첫째, 금식하며 주리신 주님께 '돌들로 떡을 만들어 먹으라' 하였으니 육신의 정욕을 부추긴 것입니다.

둘째, '높은 성전에서 뛰어내리라'하였으니 이생의 자랑입니다.

셋째, '천하 영광을 보여주며 마귀에게 절하라'고 하였으니 안목의 정욕입니다.

첫 아담을 미혹하여 승리한 그가 둘째 아담 예수님까지 미혹하려고 한 것입니다. 첫째 아담이 미혹을 받아 죄를 지으니 모두 마귀의 수하로 넘어갔습니다. 만일 둘째 아담이신 그리스도가 마귀의 미혹에 넘어가셨다면 모든 인류에게 구원도 영생도 없었을 것입니다.

첫째 아담은 마귀의 유혹에 넘어지고 말았지만, 둘째 아담이신 예수님은 승리하심으로 마귀를 심판하시고 자기 백성들을 구원하시는 것입니다.

3. 계속해서 – 동일한 방법으로 성도들을 미혹함

이 세상이나 세상에 있는 것들을 사랑하지 말라 누구든지 세상을 사랑하면 아버지의 사랑이 그 안에 있지 아니하니 이는 세상에 있는 모든 것이 육신의 정욕과 안목의 정욕과 이생의 자랑이니 다 아버지께로부터 온 것이 아니요 세상으로부터 온 것이라 이 세상도, 그 정욕도 지나가되 오직 하나님의 뜻을 행하는 자는 영원히 거하느니라 아이들아 지금은 마지막 때라 적그리스도가 오리라는 말을 너희가 들은 것과 같이 지금도 많은 적그리스도가 일어났으니 그러므로 우리가 마지막 때인 줄 아노라 요일 2:15-18

예수님을 미혹하려던 마귀는 그의 신부인 교회를 밤낮 미혹합니다.

내가 또 들으니 하늘에 큰 음성이 있어 이르되 이제 우리 하나님의 구원과 능력과 나라와 또 그의 그리스도의 권세가 나타났으니 우리 형제들을 참소하던 자 곧 우리 하나님 앞에서 밤낮 참소하던 자가 쫓겨났고 계 12:10

사단의 미혹은 항상 사람의 기본 욕구를 절제 없이 무제한으로 충족하도록 부추깁니다. 예를 들면 식욕, 성욕, 수면욕, 안목의 정욕, 소유욕과 같은 것들입니다. 이 같은 것은 육체를 가진 사람들에게 하나님께서 주신 복들입니다. 성령 안에서 절제하며 사용한다면 어느 것 하나도 없어서는 안 될 내용들입니다. 그러나 사단은 절제하지 못하게 만들고 너무 많이 먹어 병들어 죽게 하고, 필요 이상 잠자게 하여 게으르게 하며, 볼 것을 넘어 보지 말아야 할 것까지 보게 합니다. 그리고 이 땅의 썩을 것들을 과도하게 소유하여 하늘을 놓치게 만들어 죄를 짓게 합니다.

종합하면 육신의 정욕, 안목의 정욕, 이생의 자랑이라고 하는 이름의 죄입니다. 죄는 하나님과의 관계를 단절시키고 저주와 사망으로 이끌게 되니 마귀는 이같이 미혹하는 일에 전문가입니다. 더하여 하나님의 말씀을 불순종하도록 부추기고 미혹에 넘어가면 태도를 바꾸어 정죄합니다. 거룩한 성도들에게 힘 빼기 하는데 선수이고 주의 신부로 단장하는데는 원수입니다.

에덴에서 아담을 미혹한 것과 광야에서 예수님을 미혹하려 한 것과 성도를 미혹하는 내용을 보면 세 가지로 정리됩니다.

마귀의 미혹(迷惑)			
대 상	장 소	미혹의 내용	성구
아담과 하와	에덴 동산	보암직(안목의 정욕) 먹음직(육신의 정욕) 지혜롭게 할 만큼 탐스러움(이생의 자랑)	창 3:6
예수님	시험의 광야	천하 영광을 보이며(안목의 정욕) 떡 만들어 먹으라(육신의 정욕) 뛰어 내리라(이생의 자랑)	마 4:1-11
교회(성도)	세상 광야	안목의 정욕 육신의 정욕 이생의 자랑	요일 5:16
마귀는 이 세상 사람들을 자기의 신부 바벨 성에 끌어들이기 위하여 이 세 가지로 끝없이 미혹하며, 세상 정욕에 눈이 어두운 사람들은 그것을 당연한 것으로 받아들여 살다가 마귀와 함께 멸망으로 들어간다.			엡 2:3

성경에 보면 하나님의 나라가 이 땅에 시작된 때부터 마귀의 미혹도 계속되어 왔습니다.

그러나 전지전능하신 하나님은 창세 전에 계획하신 대로 모두 완성해 내십니다. 이러한 경륜의 목적 완성을 위한 '죄 없이 함의 사역'을 '구속사'(救贖史)라 하고, 그 일을 완성하여가는 것을 '신부 단장'이라 합니다.

결혼의 측면에서 초림(初臨)하신 예수님은 자기 택한 백성들과 정혼(定婚)하시고 신부로 잘 단장하라 부탁하시고 가셨습니다. 그리고 재림(再臨)이 가까운 시대에 신부인 교회에게 적 그리스도를 조심하라 당부하셨습니다.

사랑하는 자들아 영을 다 믿지 말고 오직 영들이 하나님께 속하였나 분별하라 많은

거짓 선지자가 세상에 나왔음이라 이로써 너희가 하나님의 영을 알지니 곧 예수 그리스도께서 육체로 오신 것을 시인하는 영마다 하나님께 속한 것이요 예수를 시인하지 아니하는 영마다 하나님께 속한 것이 아니니 이것이 곧 적그리스도의 영이니라 오리라 한 말을 너희가 들었거니와 지금 벌써 세상에 있느니라 자녀들아 너희는 하나님께 속하였고 또 그들을 이기었나니 이는 너희 안에 계신 이가 세상에 있는 자보다 크심이라 그들은 세상에 속한 고로 세상에 속한 말을 하매 세상이 그들의 말을 듣느니라 우리는 하나님께 속하였으니 하나님을 아는 자는 우리의 말을 듣고 하나님께 속하지 아니한 자는 우리의 말을 듣지 아니하나니 진리의 영과 미혹의 영을 이로써 아느니라 요일 4:1-6

한마디로 한 남자인 그리스도를 만나 결혼하려면 정절을 지키며 자기를 단장함에 끝까지 조심하라는 권고입니다. 주님이 다시 오시는 날, 더 이상 개인적인 결혼이 아니라 단체 신부인 새 예루살렘 성으로서의 결혼을 위함입니다. 사랑하는 신부로 그저 거듭났음에 만족하지 말고, 열심히 먹고 마시며 자라나서 신랑이신 그리스도의 장성한 분량까지 자라가라는 말씀입니다. 그 자람의 기준은 요한계시록 21장 15절에 나오는 '금 갈대 자'로 재어질 것이며, 그리하여 신랑되신 그리스도와 하나가 되는 것입니다.

내게 말하는 자가 그 성과 그 문들과 성곽을 측량하려고 금 갈대 자를 가졌더라 계 21:15

또 내가 보니 보라 어린 양이 시온 산에 섰고 그와 함께 십사만 사천이 서 있는데 그들의 이마에는 어린 양의 이름과 그 아버지의 이름을 쓴 것이 있더라 내가 하늘에서 나는 소리를 들으니 많은 물 소리와도 같고 큰 우렛소리와도 같은데 내가 들은 소리는 거문고 타는 자들이 그 거문고를 타는 것 같더라 그들이 보좌 앞과 네 생물과 장로들 앞에서 새 노래를 부르니 땅에서 속량함을 받은 십사만 사천 밖에는 능히 이 노래를 배울 자가 없더라 이 사람들은 여자와 더불어 더럽히지 아니하고 순결한 자라 어린 양이 어디로 인도하든지 따라가는 자며 사람 가운데에서 속량함을 받아 처음 익은 열매로 하나님과 어린 양에게 속한 자들이니 그 입에 거짓말이 없고 흠이 없는 자들이더라 계 14:1-5

오늘 교회가 영 구원 곧 예수님을 영접하면 구원을 받아 하나님의 자녀가 되는 기준으로만 보면 구원받은 자가 참으로 많습니다. 그러나 어린아이가 아닌 장성한 자, 결혼할 만큼 그리스도의 장성한 분량에 이르는 사람은 많지 않은 것 같습니다. 그 기준은 위에서 언급한 것처럼 금 갈대이며 재어지는 사람은 새 예루살렘 성으로 건축되기 합당한 자입니다. 금 갈대는 그리스도 자신이며 말씀입니다. 단순히 지식을 아는 분량을 말하는 것이 아니라 그 말씀과 하나 되어 그리스도의 신성과 인성을 겸비하는 분량을 말씀합니다. 그는 주와 함께 십자가에 못 박힘으로 자기를 부인하는 사람이며 어린양이 어디로 인도하든지 따르는 자일 것입니다(눅 9:23, 요 12:25). 주의 사랑으로 자기를 비워 형제를 돕고 섬기는 자, 그러므로 지극히 작은 자와 섞이고 연합할 수 있는 사람입니다.

성숙한 신부로 단장이 되어진 만큼 위로는 신랑이신 그리스도와 하나 되어 사랑이 넘치게 됩니다. 그리고 같은 지체요 함께 된 신부인 형제와도 성숙한 사랑으로 하나 되어 기쁨을 공유하고 신랑 예수의 빛으로 충만하게 됩니다. 이것은 이 땅에서 이루어지는 신부의 삶입니다.

신부
단장이란?

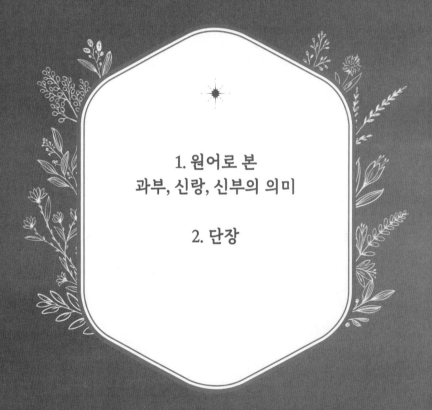

신랑과 신부, 단장과 결혼에 대하여 원어를 통하여 깊이 있게 알아봅니다. 원어에 담긴 의미를 알게 되면 성경이 우주적 혼인의 책이라는 확신을 갖게 됩니다. 이 세상 그림자 결혼이 아닌 실제 그리스도와 교회의 결혼을 앎으로 신부 단장의 방법을 깨닫게 되니 삶의 방향과 스케일이 달라집니다.

신부
단장이란?

1. 원어로 살펴보는 과부, 신랑, 신부의 의미

성경은 하나님과 사람의 결혼을 설명하고 있는 책입니다. 하나님의 최종 목적인 그리스도와 교회의 결혼을 알게 하시기 위하여 실제를 반영하는 그림자의 세상과 그 안에서 일어나는 것들을 창조하셨습니다. 따라서 이 땅에서 보이는 창조와 세상의 일들은 영적인 세계의 어떠함들을 알려주는 것입니다.

이렇게 하나님의 목적의 실체를 볼 수 있도록 창조하신 가시적 세계와 일들을 헬라어로 '세메이온'($\sigma\eta\mu\varepsilon\tilde{\iota}o\nu$)이라 하는데, '신호, 표시, 표적'이란 의미입니다.

더욱 쉽게 설명을 해본다면 우리가 만일 대전에서 서울을 목적지 삼아 갈 때 도로 곳곳에 표지판이 있습니다. 표지판을 따라 서울을 가지만 그 표지판이 서울은 아닙니다. 이와 같이 세메이온은 표지판의 역할과 같은 것입니다. 지혜와 지식의 주께서 우리들에게 표징을 보고 그리스도와 그의 사역의 실체를 보게 하시기를 축복합니다. 만일 우리가 주의 은혜로 실체를 체험한다면 이는 놀랍고 경이로운 일들이고 더없는 복이 될 것입니다.

몇 가지 예를 들어 보겠습니다.

고아는 아버지가 없는 사람입니다. 그것은 하나님 아버지를 만나지 못한 사람을 보여주는 것입니다. 객은 남인데 하나님의 가족이 되지 않은 상태를 의미합니다. 나그네는 여행길에 있는 사람으로서 하나님의 집을 향해 잠시 세상을 사는 사람을 의미합니다.

1) 과부(寡婦)

과부는 남편이 있다가 없게 된 상태를 의미합니다. 모든 인류의 대표인 아담은 죄로 인하여 그가 하나님과 이별하기 전에 에덴에서 하나님과 함께 있었습니다. 아담은 예수님의 표상입니다. 예수님도 세상 죄를 위해 죽으시기 전에 하늘에서 하나님과 함께 계신 때가 있었습니다.

> 아버지여 창세 전에 내가 아버지와 함께 가졌던 영화로써 지금도 아버지와 함께 나를 영화롭게 하옵소서 요 17:5

성도 역시 하나님을 만나기 전, 이미 하늘에서 하나님의 택함 안에서 신부로 예정되어 있었습니다. 그리고 둘째 아담이신 예수 안에 우리가 있는 것과 같이, 구원 받기 전 첫 아담 안에 있을 때가 있었습니다. 그때 우리는 고아, 나그네, 객이었고 아직 신랑을 만나지 못한 처녀, 또는 남편을 잃은 과부였습니다.

구약 성경을 읽다 보면 결혼에 관한 많은 내용들이 있습니다.

예를 들어 룻기서를 보면 룻이 나오미의 아들과 결혼하였더니 남편이 죽어 과부가 됩니다. 과부된 룻은 시어머니 나오미를 따라와 보아스를 만나 결혼하게 됩니다. 보아스는 그리스도의 표상인데 과부인 룻이 보아스의 침소를 침노하고 그와 결혼을 하게 됩니다. 이는 교회가 천국의 실체이신 그리스도를 만나 침노하는 표상입니다(마 11:12).

열왕기상 17장에는 엘리야와 사르밧 과부의 이야기가 나옵니다. 엘리야는 예수님의 표상이고 사르밧 과부는 구원받아 예수님의 신부가 되는 이방인 교회의 표상입니다. 엘리야 시대에 이스라엘에 삼 년 반 동안 가뭄이 드는데 이방인 사르밧 지역에 엘리야가 가서 과부를 축복하여 가루와 기름이 떨어지지 않게 하였습니다. 가루는 진리의 표상이요, 기름은 성령의 표상이니 교회라는 주님의 신부에게 주어지는 복입니다. 실제 예수님께서 세상에 오셔서 삼 년 반 동안 사역하실 때 진리와 성령이 먼저 된 여자인 이스라엘에게 공급되지 않고 나중 된 여자인 이방인 교회에게 주어집니다(눅 4:23-27). 이스라엘에게는 영적으로 삼년 반 동안 가뭄이었던 것입니다.

예수께서 그들에게 이르시되 너희가 반드시 의사야 너 자신을 고치라 하는 속담을 인용하여 내게 말하기를 우리가 들은 바 가버나움에서 행한 일을 네 고향 여기서도 행하라 하리라 또 이르시되 내가 진실로 너희에게 이르노니 선지자가 고향에서는 환영을 받는 자가 없느니라 내가 참으로 너희에게 이르노니 엘리야 시대에 하늘이 삼 년 육 개월간 닫히어 온 땅에 큰 흉년이 들었을 때에 이스라엘에 많은 과부가 있었으되 엘리야가 그 중 한 사람에게도 보내심을 받지 않고 오직 시돈 땅에 있는 사렙다의 한 과부에게 뿐이었으며 또 선지자 엘리사 때에 이스라엘에 많은 나병환자가 있었으되 그 중의 한 사람도 깨끗함을 얻지 못하고 오직 수리아 사람 나아만뿐이었느니라 눅 4:23-27

이 외에도 다말, 아비가일, 밧세바 등 교회를 표상하는 많은 여인들이 있습니다.

건축의 측면에서 과부를 알아본다면

'과부'는 헬라어로 '케라'($\chi\acute{\eta}\rho\alpha$)인데 남편 없는 여자로서 영적으로는 '거민과 재물을 빼앗긴 도시'라는 뜻입니다.

히브리어로는 '알마나'(אַלְמָנָה), '황폐한 집(왕궁), 버려진 곳'이란 뜻인데, '알만'(אַלְמָן), '버림받은'에서 유래하였습니다.

철자(綴字)의 뜻은 히브리어의 첫 글자인 '알렢'(א)은 '황소 뿔'을 의미하는데 영적으로 '권능의 하나님'을 의미합니다. '라메드'(ל)는 '소몰이 막대'란 뜻인데 영적으로 '양육, 목양'을 의미합니다. '멤'(מ)은 '물'을 의미하고 영적으로 '진리와 영생수'를 의미합니다. 마지막으로 '눈'(ן)은 '물고기'란 뜻인데 영적으로 '성도, 백성'을 의미합니다. 상형 문자인 히브리어 철자의 뜻을 모두 합하여 연결하면 '목자이신 하나님이 진리를 물고기에게 먹이시므로 생명의 호흡이 있게 될 자'라고 할 수 있습니다.

헬라어로 보나 히브리어로 보나 과부는 집, 성, 왕궁이고 거민과 재물을 빼앗긴 빈 도시를 의미하고 있습니다.

예레미야 선지자는 유대 나라가 하나님께 범죄하여 멸망 당하는 예루살렘을 보며 애가(哀歌)를 지었습니다. 그 성을 과부로 표현하였습니다.

> 슬프다 이 성이여 전에는 사람들이 많더니 이제는 어찌 그리 적막하게 앉았는고 전에는 열국 중에 크던 자가 이제는 과부 같이 되었고 전에는 열방 중에 공주였던 자가 이제는 강제 노동을 하는 자가 되었도다 밤에는 슬피 우니 눈물이 뺨에 흐름이여 사랑하던 자들 중에 그에게 위로하는 자가 없고 친구들도 다 배반하여 원수들이 되었도다 유다는 환난과 많은 고난 가운데에 사로잡혀 갔도다 그가 열국 가운데에 거주하면서 쉴 곳을 얻지 못함이여 그를 핍박하는 모든 자들이 궁지에서 그를 뒤따라 잡았도다 애 1:1-3

성경은 하나님의 택한 백성들을 성막과 성전에 비유합니다. 그리고 신약에 와서는 '신령한 집', '산 위에 있는 동네'로 말씀하십니다.

> 너희는 세상의 빛이라 산 위에 있는 동네가 숨겨지지 못할 것이요 사람이 등불을 켜서 말 아래에 두지 아니하고 등경 위에 두나니 이러므로 집 안 모든 사람에게 비치느니라 이같이 너희 빛이 사람 앞에 비치게 하여 그들로 너희 착한 행실을 보고 하늘에 계신 너희 아버지께 영광을 돌리게 하라 마 5:14-16

'동네'는 '폴리스'(πόλις), '도시, 성'을 의미합니다. 위의 말씀에 나오는 도시요 성이며 동네는 또 교회이고 새 예루살렘 성입니다.

마태복음 5장 1절부터 보면 예수께서 산 위에 앉으시니 제자들이 나오는 것을 보시고 입을 열어 산상수훈의 말씀을 주셨습니다. 그때 산 위에 앉으신 주님과 함께 있던 자들이 영적으로는 참 과부였습니다. 그들은 죄인이었고 자기들의 소유인 목숨과 의를 모두 빼앗긴 빈 도시였습니다. 그들에게 주의 입으로부터 나오는 말씀이 들어가니 과부를 면한 것입니다. 말씀이신 그리스도가 신랑이신데 신랑이 신부의 속으로 들어가 하나가 되는 역사입니다. 그들이 하늘 신랑과 처음 결혼된 도시요, 교회요, 신부입니다.

> 일곱 대접을 가지고 마지막 일곱 재앙을 담은 일곱 천사 중 하나가 나아와서 내게 말하여 이르되 이리 오라 내가 신부 곧 어린 양의 아내를 네게 보이리라 하고 성령으로 나를 데리고 크고 높은 산으로 올라가 하나님께로부터 하늘에서 내려오는 거룩한 성 예루살렘을 보이니 하나님의 영광이 있어 그 성의 빛이 지극히 귀한 보석 같고 벽옥과 수정 같이 맑더라 계 21:9-11

위의 말씀에 교회가 모든 연단을 거쳐서 머리이신 그리스도의 몸으로 완성된 것을 거룩한 성 새 예루살렘이라고 합니다. 그 성이 주님의 신부입니다.

새 예루살렘 성은 헬라어로 $\pi\acute{o}\lambda\iota\nu$(폴린, '성') $\tau\grave{\eta}\nu$ $\acute{\alpha}\gamma\acute{\iota}\alpha\nu$(텐 하기안, '거룩한') $\text{I}\varepsilon\rho o\nu\sigma\alpha\lambda\acute{\eta}\mu$(예루살렘) $\kappa\alpha\iota\nu\acute{\eta}\nu$(카이넨, '새') 영어로는 The holy new Jerusalem city, '거룩한 새 도시'란 말씀입니다.

결국 영적으로 예수님을 만나기 전의 교회가 신랑을 빼앗긴 과부입니다. 과부는 신랑이신 예수 그리스도가 없어서 애통하는 여자입니다.

> 하나님 아버지 앞에서 정결하고 더러움이 없는 경건은 곧 고아와 과부를 그 환난 중에 돌보고 또 자기를 지켜 세속에 물들지 아니하는 그것이니라 약 1:27

반대로 망령된 과부는 신랑인 예수님을 알지 못하고 마귀를 신랑 삼아 사는 세상이요, 바벨 성입니다. 그 여자는 참 신랑이신 그리스도에게 관심이 없고 하루하루의 일락(逸樂)을 탐하고 즐기는 부패하고 타락한 여자입니다.

'일락'은 '스파탈라오'($\sigma\pi\alpha\tau\alpha\lambda\alpha\omega$)인데 '육욕과 쾌락에 빠지다, 호화롭고 사치에 빠지다, 제멋대로 되다'란 의미입니다.

영적으로 참 과부가 아닌 자에게는 세상의 육적인 사치와 즐거움이 그들의 행복입니다. 그들의 끝은 멸망일진대 잠시 있는 세상의 낙을 즐기다가 마귀와 함께 영원한 불 못으로 가게 될 것입니다. 어린양 예수님의 신부인 새 예루살렘 성은 영원하나 마귀의 신부인 바벨 성은 모두 심판을 받아 영원한 불 못으로 들어가게 됩니다.

힘찬 음성으로 외쳐 이르되 무너졌도다 무너졌도다 큰 성 바벨론이여 귀신의 처소와 각종 더러운 영이 모이는 곳과 각종 더럽고 가증한 새들이 모이는 곳이 되었도다 그 음행의 진노의 포도주로 말미암아 만국이 무너졌으며 또 땅의 왕들이 그와 더불어 음행하였으며 땅의 상인들도 그 사치의 세력으로 치부하였도다 하더라 계 18:2-3

그가 얼마나 자기를 영화롭게 하였으며 사치하였든지 그만큼 고통과 애통함으로 갚아 주라 그가 마음에 말하기를 나는 여왕으로 앉은 자요 과부가 아니라 결단코 애통함을 당하지 아니하리라 하니 그러므로 하루 동안에 그 재앙들이 이르리니 곧 사망과 애통함과 흉년이라 그가 또한 불에 살라지리니 그를 심판하시는 주 하나님은 강하신 자이심이라 계 18:7-8

2) 신랑(新郞)

신랑은 헬라어로 '뉨피오스'($\nu \upsilon \mu \varphi \iota o \varsigma$)인데 '신랑'이란 말은 '신부, 젊은 여자, 정혼한 여자'란 의미의 '뉨페'($\nu \upsilon \mu \varphi \eta$)에서 유래하였습니다.

히브리어로 신랑은 '하탄'(חָתָן)인데 '신랑, 남편'을 의미하는 명사로 '넘겨주다(결혼 시 딸을), 친척이 되다'란 의미에서 유래하였습니다.

헬라어나 히브리어나 신랑이란 단어는 신부와 결합이 됩니다. 신랑이란 말은 신부가 있을 때 사용되는 이름이기 때문입니다. 영어로 신랑을 '그룸'(groom), 신부를 '브라이드'(bride)라고 하는데, 신랑을 브라이드 그룸(bridegroom)이라고도 합니다. 이 말은 이미 신랑에게 신부가 함께 하는 이름이며 서로에게 **짝이 없을** 때는 남자, 그리고 여자일 뿐입니다.

이 세상의 결혼하는 신랑(남편)은 영적으로 볼 때 신부인 교회와 하나 되시는 그리스도의 표상입니다. 신부인 교회가 신랑과 한 몸을 이루기 위해 신랑의 장성한 분량으로 자라가야 하는데 이것을 단장이라 합니다. 자기 맘대로 단장하는 것이 아니라, 성막과 성전과 방주를 주께서 명령하신 식양대로 짓는 것과 같이 주의 뜻대로 단장하는 것입니다.

언제 단장하나요? 믿을 때부터입니다.
어디에서 단장하나요? 이 땅의 교회 생활 속에서 단장합니다.
누가 단장하나요? 신랑 예수를 만나 인도를 받고 신랑의 공급하심과 성령의 도우심으로 신부가 단장합니다.

어떻게 단장하나요? 말씀과 기도에 집중하면서 주님이 안배하신 환경 가운데서 연단을 받으며 순종함으로 연합함을 배웁니다.

무엇을 단장하나요? 신랑이신 그리스도에게 합당한 몸으로 단장합니다.

왜 단장하나요? 신랑이신 그리스도와 하나 되어(개인적, 단체적) 영원히 영생하며 누리기 위함입니다.

예수님은 성경과 역사를 통하여 어떤 신부를 원하시는지 기록해 놓으셨습니다. 우리가 이미 아는 바와 같이 새 예루살렘 성을 이름하여 '거룩한 성, 사랑의 도성, 신령한 집'이라 합니다. 성의 재료가 거룩하고 신령하며 사랑으로 건축되어 졌다는 의미가 됩니다. 그 재료가 그리스도의 몸인 살과 피로 이루어진 성도입니다. 그리고 거룩한 한 무리로 연합된 대 우주적인 예수님의 몸이요, 신부입니다.

성의 재료와 건축의 방식(方式), 수치(數值)를 정해 주셨고 그대로 성령께서 인도해 가십니다. 신부는 하나님께서 정해놓으신 식양대로 건축되고, 또 한편으로는 건축자로서 건축의 사역을 하면 됩니다(고전 3:10-17, 계 3장, 계 21장).

최종 결산은 신랑이신 그리스도가 다시 오셔서 판단하실 것입니다.

3) 신부(新婦)

히브리어로 신부는 '카라'(כַּלָּה), '젊은 며느리, 배우자'를 의미하는 여성 명사인데 '카랄'(כָּלַל), '완성하다, 완전하다, 완벽하게 만들다'에서 유래한 말입니다.

성경은 신부를 건축의 측면에서 새 예루살렘 성으로 비유하였습니다(계 21:2).

일곱 대접을 가지고 마지막 일곱 재앙을 담은 일곱 천사 중 하나가 나아와서 내게 말

하여 이르되 이리 오라 내가 신부 곧 어린 양의 아내를 네게 보이리라 하고 성령으로 나를 데리고 크고 높은 산으로 올라가 하나님께로부터 하늘에서 내려오는 거룩한 성 예루살렘을 보이니 하나님의 영광이 있어 그 성의 빛이 지극히 귀한 보석 같고 벽옥 과 수정 같이 맑더라 계 21:9-11

어린양의 신부인 거룩한 성 새 예루살렘은 창세 전 하나님께서 계획하신 목적의 완성입니다. 신부의 뜻이 '완벽하게 만들다, 완성하다'입니다. 신부의 실제인 새 예루살렘 성이 완성되기까지는 거쳐야 하는 과정들이 있습니다. 새 예루살렘 성 이전의 모습은 십자가에서 완성하여 새로이 창조된 교회입니다. 참 교회가 세워지기 이전의 모습은 새 예루살렘 성의 그림자로서 이 땅에 있는 예루살렘 성이며, 그 이전의 모습은 광야에서 건축된 성막입니다. 그 이전은 방주(方舟), 그 이전은 에덴 성전입니다.

첫째, 에덴 성전은 하나님께서 친히 완성하셨기에 완벽하게 만들어졌습니다.

여호와 하나님이 동방의 에덴에 동산을 창설하시고 그 지으신 사람을 거기 두시니라 창 2:8

천지와 만물이 다 이루어지니라 '하나님이 그가 하시던 일을 일곱째 날에 마치시니 그가 하시던 모든 일을 그치고 일곱째 날에 안식하시니라 창 2:1-2

위의 말씀에서 '이루어지니라' '마치시니'라는 말이 히브리어로 신부를 의미하는 '카랄'입니다.

둘째, 방주는 여호와 하나님께서 계획하신 대로 노아에게 명하셨고 노아는 그대로 준행하였습니다(창 6:14-16, 7:5).

노아가 그와 같이 하여 하나님이 자기에게 명하신 대로 다 준행하였더라 창 6:22

방주는 교회의 표상입니다. 노아의 홍수 때에 심판으로 세상이 멸망할 때 방주는 '안식'이란 이름의 뜻을 가진 노아를 중심으로 구원을 받았습니다. 이는 세상(바다)이 심판을 받아 사망 아래 있을 때 안식의 주님을 중심으로 세상 위에 떠 있는 교회(방주)를 표상하는 것입니다(마 12:8, 엡 2:6). 나중에 세상이 모두 가시적 심판으로 멸망할 때 하늘의 새 예루살렘 성만 떠 있게 될 것이라는 의미와 같습니다.

노아가 하나님께서 명하신 식양대로 준행하였다고 하였는데 '준행'(遵行)이란 말은 헬라어로 '헤토이마조'(ἑτοιμάζω), '예비하다, 준비하다'란 뜻인데, 곧 신부로 '단장하다'란 의미가 되는 것입니다.

셋째, 실제 신부인 새 예루살렘 성을 표상하는 성막, 특히 지성소까지 하나님께서 모세에게 건축 명령을 하셨습니다. 모세는 여호와께서 명하신 식양대로 모두 완성하였습니다.

너는 삼가 이 산에서 네게 보인 양식대로 할지니라 출 25:40

그는 또 성막과 제단 주위 뜰에 포장을 치고 뜰 문에 휘장을 다니라 모세가 이같이 역사를 마치니(필하니라) 출 40:33

위의 말씀에서 '마치니'라는 말이 신부를 의미하는 히브리어 '카랄' 곧 '완성하다, 완전하게 만들다'입니다.

넷째, 다윗의 아들 솔로몬이 여호와의 명령을 따라 주님의 신부를 표상하는 성전을 건축하였습니다.

성전의 건축을 마치니라 그 성전은 백향목 서까래와 널판으로 덮었고 왕상 6:9

출애굽기 40:33절의 '마치니'와 열왕기상 6:9절의 '마치니라'는 같은 뜻으로 신부를 의미하는데 히브리어로 '카랄' 곧 '완성하다, 완전하게 만들다' 입니다.

다섯째, 예수님께서 실제 신부인 교회를 십자가에서 완성하셨습니다.

예수께서 신 포도주를 받으신 후에 이르시되 다 이루었다 하시고 머리를 숙이니 영혼이 떠나가시니라 요 19:30

위의 말씀에서 '다 이루었다'가 신약 성경의 헬라어로 '테텔레스타이' ($T\varepsilon\tau\varepsilon\lambda\varepsilon\sigma\tau\alpha\iota$)인데, 히브리어로 번역하면 신부를 의미하는 '카랄' 곧 '완성하다'입니다.

주님께서 십자가에서 죽으시고 부활하심으로 구약의 그림자 성을 무너뜨리시고 실제의 성인 교회를 완성해 내신 것입니다.

이렇게 완성하신 새 예루살렘 성이 어린양의 아내요, 신부입니다. 창조의 목적, 경영과 섭리의 목적, 십자가에서 죽으시고 부활하신 목적, 성령을 보내셔서 그 은사로 택하신 자들을 모으신 목적이 다 이루어진 것입니다. 이는 하나님께서 창세 전에 기쁘신 가운데 계획하신 뜻이 이루어진 것입니다.

헬라어로 '신부', '님페'(νυμφη)는 '젊은 신부'라는 여성 명사인데 '베일을 치다'에서 유래하였습니다.

신부는 베일 즉, 면사포(面紗布)를 쓰는 처녀입니다.
창세기 24장에서 예수님을 예표하는 이삭에게 시집을 오는 리브가의 자세입니다. 성령을 예표하는 엘리에셀의 인도를 통해 리브가가 이삭에게 옵니다. 멀리 있는 이삭을 보고 면박(面縛)을 합니다(얼굴을 감춤). 이와 같이 그리스도에게 시집갈 정도로 단장된 사람은 면사포를 씀으로 자신의 머리가 드러나지 않는 신앙인입니다. 즉, 신부가 완성되는 것은 말씀을 온전히 순종하여 주님을 머리 삼아 한 몸을 이루는 것입니다.

첫째, 그리스도의 생명으로 거듭나야 하며
둘째, 믿음으로 그 말씀과 기도 안에서 순종하는 삶을 살아내는 것입니다.

전에 하나님께 소망을 두었던 거룩한 부녀들도 이와 같이 자기 남편에게 순종함으로 자기를 단장하였나니 벧전 3:5

그러나 이렇게 할 수 있는 것은 오직 하나님의 영으로 되어지는 것입니다. 계시록 14장에 보면 완성된 신부의 신앙을 나타내는 말씀 구절이 있습니다.

이 사람들은 여자와 더불어 더럽히지 아니하고 순결한 자라 어린 양이 어디로 인도하든지 따라가는 자며 사람 가운데에서 속량함을 받아 처음 익은 열매로 하나님과 어린 양에게 속한 자들이니 그 입에 거짓말이 없고 흠이 없는 자들이더라 계 14:4-5

성도는 하나님을 경외하여 주의 말씀에 무조건 순종하는 믿음을 가진 자들입니다. 오늘 성도는 주님의 몸인 교회를 위하여, 자신의 주장을 버리기 위하여 머리를 베일로 가릴 필요가 있습니다. 무지하거나 교만하면 할 수 없는 일입니다.

하나님을 섬기시나요? 형제를 섬기시기 바랍니다. 하나님 앞에 겸손하려거든 형제 앞에 겸손하고 낮아지는 것이 곧 하나님 앞에 겸손하고 낮아지는 것입니다. 그리고 하나님을 사랑하는 것이 곧 형제를 사랑하는 것입니다. 이것은 그 형제 안에 그리스도가 계심으로 인한 것이기도 하지만, 하나님께서 하시는 일이 사람을 사랑하셔서 구원하시는 일이기 때문입니다. 따라서 하나님을 사랑하는 자마다 그에게서 난 자를 사랑할 수밖에 없는 것입니다(요일 4:20).

우리가 이 계명을 주께 받았나니 하나님을 사랑하는 자는 또한 그 형제를 사랑할지니라 요일 4:21

우리가 하나님을 사랑하고 그의 계명들을 지킬 때에 이로써 우리가 하나님의 자녀를 사랑하는 줄을 아느니라 요일 5:2

교회가 어떻게 완전해질까요?

완전하신 주님께 순종하여 붙음으로 완전해집니다. 여자만으로 완전할 수 없고 보기에도 좋지 않으므로 남자가 함께 있어야 합니다(창 2:18). 교회 안에서 당신은 남자라고 주장하시나요? 당신은 주 안에서 여자입니다. 남자가 여자보다 약할 수 있습니다. 주님이 십자가 지실 때도 남자들은 다 도망하였지만 여자들은 피 흘리는 십자가 밑에서 울었습니다. 주님이 무덤에 계실 때에도 여자들이 무덤가에서 울었고 부활도 여자들이 먼저 보았습니다. 교회는 그리스도 안에서 여자이며 면사포를 써야 할 신부가 되어야 합니다. 그렇게 신앙이 자라서 면사포를 쓸만한 신앙이 된 자들이 연합하여 완전하게 완성되어진 것이 새 예루살렘이요, 그분의 신부이며 아내입니다. 더하여 온전한 여자는 주님과 하나 된 자들입니다. 온전히 순종하여 그를 통하여 남자인 그리스도가 나타날 때 그를 다시 사내아이라 합니다(계 12:1-2).

2. 단장(丹粧)

우리가 아는 대로 신부 단장은, 신랑을 만나 결혼하기를 원하는 신부가 완전한 결혼 곧 하나 되기 위하여 준비하는 것입니다. 이와 같이 교회는 다시 오실 신랑 예수를 위하여 자신을 단장하되 거룩함과 정결함, 그리고 한 몸 되기를 힘써야합니다. 그리고 신랑 예수께서 오시기를 간절히 기다려야 합니다.

이렇게 기다림에 흥미로운 이야기가 있습니다.

전라북도 정읍에 '정읍사(井邑詞) 공원'이 있습니다. 그곳에 '망부상(望夫象)'이 세워져 있고 아래의 돌판에는 정읍사(井邑詞)라는 시가 새겨져 있습니다. 정읍사는 백제 가요라는 것이 정설인데, 그 내용은 장사하는 직업을 가진 행상 남편이 밤길에 무사히 돌아오기를 간절히 바라는 아내의 애타는 심정이 잘 드러난 시입니다. 언제나 올까? 무사할까? 때가 되어도 돌아오지 않는 남편을 간절히 사모하여 높은 언덕 바위 위에 서서 매일 사랑하는 남편이 돌아올 방향을 바라보고 두 손 모아 기다립니다.

달이 뜨는 밤이면 님이 오실 길에 해를 입지는 않을까 염려하여 비추기를 부탁하고(달하 노피곰 도다샤 어긔야 머리곰 비취오시라), 그 달빛은 님의 따뜻한 마음이 되어 자신에게 비추어지는 위로를 받습니다.

항간(巷間)에 전하는 이야기로는 남편이 오기를 간절히 기다리다 망부석(望夫石)이 되었다고 합니다. 한 남편을 둔 아내가 오매불망(寤寐不忘) 사랑하는 남편이 돌아오기를 기다리는 것과 같이 오늘 주의 신부인 교회는 신랑을 기다려야 합니다. 신랑의 마음에 들도록 거룩하고 아름답게 단장하고 두 손 모아 하늘을 우러러 기도하며 기다려야 합니다.

언젠가 정읍에 있는 정읍사 예술회관에서 이 내용으로 뮤지컬 공연이 있었습니다. 그때에 달빛 아래 망부석에서 남편을 기다리는 여인을 월하낭자(月下娘子)라 하였습니다. 기다려도 기다려도 오지 않는 남편으로 인하여 월하낭자는 병이 들었는데 시간이 지나니 제 정신이 아니었습니다. 헛것을 보고 남편의 이름을 부르며 들로 산으로 소리치며 뛰어다녔습니다. 동네 사람들과 처녀 친구들은 안타까워 울며 월하낭자로 인하여 애태우는 장면이 있었습니다. 뮤지컬을 보는 내내 나도 모르게 얼마나 많은 눈물을 흘렸는지 모릅니다. 예수님을 기다리는 교회가 저렇게 남편을 기다려야 하는데……

사실 최고의 단장의 시작은 일편단심(一片丹心) 신랑을 사랑하는 것입니다. 사랑하면 단장하게 되고 주야에 기다릴 수밖에 없습니다. 만일 우리가 예수님의 재림이 기다려지지 않는다면 그 사랑에서 떨어져 있다고 진단해야 합니다. 오늘 교회는 신부로 단장되기 위하여 예수님의 사랑에서 떨어지지 말아야겠습니다.

> 허리에 띠를 띠고 등불을 켜고 서 있으라 너희는 마치 그 주인이 혼인 집에서 돌아와 문을 두드리면 곧 열어 주려고 기다리는 사람과 같이 되라 주인이 와서 깨어 있는 것을 보면 그 종들은 복이 있으리로다 내가 진실로 너희에게 이르노니 주인이 띠를 띠고 그 종들을 자리에 앉히고 나아와 수종들리라 주인이 혹 이경에나 혹 삼경에 이르러서도 종들이 그같이 하고 있는 것을 보면 그 종들은 복이 있으리로다 너희도 아는 바니 집 주인이 만일 도둑이 어느 때에 이를 줄 알았더라면 그 집을 뚫지 못하게 하였으리라 그러므로 너희도 준비하고 있으라 생각하지 않은 때에 인자가 오리라 하시니라 눅 12 :35-40

1) 히브리어로 '단장'은 '아디'(עֲדִי)입니다
단장 '아디'(עֲדִי)는 동사 '아다'(עָדָה) 에서 왔습니다

아다의 의미는 첫째, '나아가다'란 의미인데 신랑이신 주의 부름 앞에 나아가는 것입니다. 주를 만난 성도가 애굽 세상이 그리워 뒤돌아 가면 안 되고 오직 신랑과 천국을 향하여 날마다 전진해 나아가는 것입니다.

구원론 입장에서 보면 영을 구원 받아 거듭난 자가 혼 구원의 완성을 위해 날마다 말씀과 기도와 섬김에 충성하는 것입니다. 혼 구원은 마음의 구원으로 하나님의 뜻과 일치되는 훈련이고 나의 의가 십자가에 못 박히고 주님의 의를 온전히 순종하는 일입니다. 혼의 성숙에 따라 몸의 영광된 부활을 위해 나아가는 것입니다. 그리하여 이 세상의 몸의 삶도 그리스도의 신성과 인성을 갖춘 성숙된 인격으로 세워지는 것입니다. 마치 아이가 태어나 시집갈 만큼 장성해지는 원리와 같습니다. 주님은 어떤 상황에서도 주께 나오는 자를 버리지 않으십니다 (히 13:5).

> 그러므로 우리는 긍휼하심을 받고 때를 따라 돕는 은혜를 얻기 위하여 은혜의 보좌 앞에 담대히 나아갈 것이니라 히 4:16

> 여호와여 주의 이름을 아는 자는 주를 의지하오리니 이는 주를 찾는 자들을 버리지 아니하심이니이다 시 9:10

둘째, '통과하다'란 의미를 가지고 있습니다. 주님과 결혼을 위하여 가장 중요한 자격은 주와 함께 십자가를 통과한 자이어야 합니다. 이는 거듭남을 말씀하는 것이며 사망에서 생명으로, 땅의 영계에서 하늘 영계로, 육에서 영으로, 흑암의 나라에서 사랑의 아들의 나라로 옮겨지는 것을 말씀하는 것입니다. 또한 이 땅에 살면서 구름 기둥, 불 기둥이 의미하는 성령의 인도를 받으며 옛 사람을 처리 받고 새 사람을 입기 위한 혼들의 구원을 통과하는 자입니다. 따라서 성도는 온전한 구원을 위하여 말씀과 기도 생활에 힘쓰며 십자가의 고난을 통과함으로써 단장하게 됩니다.

> 내가 그리스도와 함께 십자가에 못 박혔나니 그런즉 이제는 내가 사는 것이 아니요 오직 내 안에 그리스도께서 사시는 것이라 이제 내가 육체 가운데 사는 것은 나를 사랑하사 나를 위하여 자기 자신을 버리신 하나님의 아들을 믿는 믿음 안에서 사는 것이라 갈 2:20

사실 성도의 성화는 성령 안에서 이미 되어지는 것입니다. 성령 충만하면 육신에 거하지 않게 되고 주 안에 거하게 됩니다. 이때 천국을 누리고 그리스도의 통치에 의한 공급으로 인하여 기쁨이 충만합니다. 그러나 어떤 상황에서는 계속 육신으로 떨어져 지옥을 경험하기도 합니다. 그런 때에는 육신에 사로잡혀 어둠과 저주를 맛보게 되고 다시 주의 이름을 불러 혼들의 구원을 받습니다. 이는 예수님께서 십자가에서 이미 육신의 죄와 저주들을 모두 담당하셨고 성령을 부어 주심으로 천국을 얻었기 때문입니다. 그러나 육신으로 미혹을 받아 떨어지지 않기 위하여 성도는 자주 고난을 받기도 합니다. 그 고난들을 통하여 육신에 잡혀 사는 것이 얼마나 괴로운 일인지를 배우게 되어 마침내 넘어지지 않는 법을 알게 됩니다. 그리고 주의 구원이 얼마나 감사하고 행복한지도 배우게 됩니다. 성도의 자람은 십자가를 중심으로 고난을 이겨내며 세상 미혹을 끊어 냅니다. 이것을 자람, 성장이라 하고 성화라 하며 단장이라 합니다.

> 너희는 믿음을 굳건하게 하여 그를 대적하라 이는 세상에 있는 너희 형제들도 동일한 고난을 당하는 줄을 앎이라 모든 은혜의 하나님 곧 그리스도 안에서 너희를 부르사 자기의 영원한 영광에 들어가게 하신 이가 잠깐 고난을 당한 너희를 친히 온전하게 하시며 굳건하게 하시며 강하게 하시며 터를 견고하게 하시리라 벧전 5:9-10

셋째, '제거하다'란 의미가 있습니다.

그리스도를 믿어 영이 거듭났다면 혼과 몸의 부정한 것을 제거 받는 훈련에 돌입하게 됩니다. 예수 그리스도를 만나기 전 마귀와 함께 살면서 찌들었던 죄 된 생각들과 행실들을 제거 받아야 하는데 이것을 단장이라 합니다.

> 하나님의 말씀은 살아 있고 활력이 있어 좌우에 날선 어떤 검보다도 예리하여 혼과 영과 및 관절과 골수를 찔러 쪼개기까지 하며 또 마음의 생각과 뜻을 판단하나니 히 4:12

평강의 하나님이 친히 너희를 온전히 거룩하게 하시고 또 너희의 온 영과 혼과 몸이 우리 주 예수 그리스도께서 강림하실 때에 흠 없게 보전되기를 원하노라 살전 5:23

넷째, '꾸미다'란 의미가 있습니다(딤전 2:9-10).

신부로 단장되는 것은 신랑을 기준으로 필요 없는 것은 모두 제거하고 신랑에 합당하도록 꾸미는 것입니다. 자신의 몸을 깨끗하게 꾸미는 것입니다. 한마디로 썩어질 우리의 욕심을 따라 치장된 육체의 소용과 그 열매들을 제거하고 하나님의 의의 열매로 치장하는 것을 말씀합니다. 사실 성도는 그렇게 단장되기 위해 말씀을 먹으며 기도하고 주의 손 아래서 연단을 받는 것입니다.

비록 진토(塵土)의 썩음에서 출발하였으나 성도의 미래는 정금과 각종 보석과 영원한 영광으로 결론되어지니 그것이 바로 성도의 귀하고도 귀한 소망입니다.

결론은 요한계시록 21장에 열두 가지 보석으로 아름답고 질서 있게 꾸며진 새 예루살렘 성입니다. 이는 마치 대제사장의 양 어깨의 견장과 가슴에 있는 흉패에 물린 열두 보석과 같습니다. 계시록 21장의 새 예루살렘 성은 그리스도 안에 있는 모든 성도가 하나님의 다루심 안에서 흠 없이 완성된 하나님의 작품입니다. 우리 하나님의 열심이 이를 이루어 내십니다.

그 성곽은 벽옥으로 쌓였고 그 성은 정금인데 맑은 유리 같더라 그 성의 성곽의 기초석은 각색 보석으로 꾸몄는데 첫째 기초석은 벽옥이요 둘째는 남보석이요 셋째는 옥수요 넷째는 녹보석이요 다섯째는 홍마노요 여섯째는 홍보석이요 일곱째는 황옥이요 여덟째는 녹옥이요 아홉째는 담황옥이요 열째는 비취옥이요 열한째는 청옥이요 열두째는 자수정이라 그 열두 문은 열두 진주니 각 문마다 한 개의 진주로 되어 있고 성의 길은 맑은 유리 같은 정금이더라 성 안에서 내가 성전을 보지 못하였으니 이는 주 하나님 곧 전능하신 이와 및 어린 양이 그 성전이심이라 계 21:18-22

다섯째, '입다'란 의미입니다.

'입다'란 말은 '벗었다'란 상대 개념이 전제됩니다. 에덴 동산에서 아담이 범죄하고 난 후 자신이 벌거벗었음을 알고 부끄러워 했습니다.

이르되 내가 동산에서 하나님의 소리를 듣고 내가 벗었으므로 두려워하여 숨었나이다 창 3:10

아담과 하와는 자신들이 벌거벗었음을 알고 부끄러워 무화과 나무 잎으로 가렸습니다.

이에 그들의 눈이 밝아져 자기들이 벗은 줄을 알고 무화과나무 잎을 엮어 치마로 삼았더라 창 3:7

죄를 지은 사람의 부끄러움을 가릴 무화과 잎은 혈육의 사람들의 몸을 가리는 옷을 의미합니다. 이것이 사람의 의입니다. 이는 하늘에서 인정하지 않는 불의입니다. 무화과 잎은 예수님의 의를 표상하는 태양 빛 아래에선 순식간에 말라 부서져 내립니다. 이렇게 쉽게 부서져 버리는 불의로 자신의 부끄러움을 가리려고 자기 의를 위해 더 많이 배우고, 더 많이 가져 불의의 자랑으로 덮습니다. 부서져 내리면 다시 덮고, 무너져 내리면 더 많이 가져다가 덮으려 합니다. 마치 예수님 앞에서 유대인들이 자신들이 율법을 지킴으로 의롭다고 자랑한 것과 같습니다. 사실 모든 죄인들은 의식적이든 무의식적이든 이러한 욕구에 지배당하고 있습니다. 한마디로 죄인에게 나타나는 고질적 증상입니다.

예수님은 불의로 치장하여 쉬지 못하는 사람들을 구원하시려고 어떤 태양 빛이나 뜨거움에도 상하거나 태움 받지 않는 의로 이 세상에 오셨습니다. 하나님의 의로 덮여지면 보호를 받습니다. 마치 다니엘의 세 친구가 풀무 불에 떨어졌어도 예수님과 함께 떨어지니 머리털 하나 상하지 않음과 같습니다.

예수님께서 산상수훈(山上垂訓)을 통해 직접 말씀하셨습니다.

의에 주리고 목마른 자는 복이 있나니 그들이 배부를 것임이요 마 5:6

이 말씀은 예수님이 하나님 앞에 영원한 의임을 보고 자신들의 의는 하늘에서 가치 없는 썩음임을 발견하는 자가 복이 있다는 말과 같습니다. 참된 의 앞에서 불의가 폭로되는 현장입니다. 만일 우리의 의가 헛되고 헛된 불의라는 것이 하나님의 의 앞에서 발견되어짐을 체득한다면, 우리는 우리 자신의 의를 더 이상 신뢰하거나 인정하지 않고 하나님의 영원한 의이신 그리스도를 붙잡고자 힘을 다하여 달릴 것입니다.

예수님은 계속해서 부서져 내리는 사람들의 불의를 대신 짊어지셨습니다. 예수님은 십자가에 달리실 때 자신의 옷인 피 묻은 홍포(紅布)를 두 군병이 찢어서 나누어 입는 것을 허락하셨습니다.

그들이 예수를 십자가에 못 박은 후에 그 옷을 제비 뽑아 나누고 마27:35

이때 영적으로 교회는 두 군병 안에 죄인으로 있었습니다. 예수님은 벌거벗겨지시고 두 군병 안에서의 우리는 피 묻은 예수님의 옷을 가져다 나누어 입음으로 벌거벗음의 수치를 가리게 되었습니다. 그러므로 성도는 영원히 부끄러움을 당치 않고 성전에 들어갈 수가 있고 천국 혼인 잔치에도 참여할 수 있습니다(마 22:1-14, 계 19:6-9).

보라 내가 도둑 같이 오리니 누구든지 깨어 자기 옷을 지켜 벌거벗고 다니지 아니하며 자기의 부끄러움을 보이지 아니하는 자는 복이 있도다 계 16:15

그러나 어린양 예수님의 신부의 옷을 더럽히고 신부 단장을 방해한 음녀는 완전히 벌거벗겨지고 죽임을 당합니다.

네가 본 바 이 열 뿔과 짐승은 음녀를 미워하여 망하게 하고 벌거벗게 하고 그의 살을 먹고 불로 아주 사르리라 계 17:16

신랑 예수를 만나기 위하여 신부는 최소한 두 가지의 옷을 입어야 합니다.
아이가 태어나면 부모가 일방적으로 입혀주는 배내옷 같이 거듭나면 입혀주는 의의 옷입니다.

누구든지 그리스도와 합하기 위하여 세례를 받은 자는 그리스도로 옷 입었느니라
갈 3:27

그리고 자라면서 더욱 정결해지고 거룩한 행실로 신부가 준비하는 예복을 입는데 곧 세마포(細麻布) 옷입니다(계 16:15).

오직 주 예수 그리스도로 옷 입고 정욕을 위하여 육신의 일을 도모하지 말라 **롬 13:14**

우리가 즐거워하고 크게 기뻐하며 그에게 영광을 돌리세 어린 양의 혼인 기약이 이르렀고 그의 아내가 자신을 준비하였으므로 그에게 빛나고 깨끗한 세마포 옷을 입도록 허락하셨으니 이 세마포 옷은 성도들의 옳은 행실이로다 하더라 천사가 내게 말하기를 기록하라 어린 양의 혼인 잔치에 청함을 받은 자들은 복이 있도다 하고 또 내게 말하되 이것은 하나님의 참되신 말씀이라 하기로 **계 19:7-9**

시편 45편에 보면 신부 단장의 그림이 있습니다.

왕이 가까이 하는 여인들 중에는 왕들의 딸이 있으며 왕후는 오빌의 금으로 꾸미고 왕의 오른쪽에 서도다 딸이여 듣고 보고 귀를 기울일지어다 네 백성과 네 아버지의 집을 잊어버릴지어다 그리하면 왕이 네 아름다움을 사모하실지라 그는 네 주인이시니 너는 그를 경배할지어다 두로의 딸은 예물을 드리고 백성 중 부한 자도 네 얼굴 보기를 원하리로다 왕의 딸은 궁중에서 모든 영화를 누리니 그의 옷은 금으로 수 놓았도다 수 놓은 옷을 입은 그는 왕께로 인도함을 받으며 시종하는 친구 처녀들도 왕께로 이끌려 갈 것이라 그들은 기쁨과 즐거움으로 인도함을 받고 왕궁에 들어가리로다 왕의 아들들은 왕의 조상들을 계승할 것이라 왕이 그들로 온 세계의 군왕을 삼으리로다 내가 왕의 이름을 만세에 기억하게 하리니 그러므로 만민이 왕을 영원히 찬송하리로다 **시 45:9-17**

왕후가 금으로 수놓은 옷을 입고 왕 앞에 나아가는 것은 왕이신 신랑 예수님께 신부가 단장하고 나아가는 표상입니다. 금은 하나님의 본성을 의미하니 말씀이신 예수님과 하나 되어 그분의 열매로 꾸며진 것으로서 산상수훈의 열매이고 십계명의 열매인 사랑의 열매들입니다. 이 옷이 주님과 결혼할 때 입을 세마포입니다. 이렇게 단장이 완성된 신부가 새 예루살렘 성이니, 신부 단장하는 성도에게 이 비밀을 아는 것보다 더 중요한 것은 세상에 없습니다.

> **주를 향하여 이 소망을 가진 자마다 그의 깨끗하심과 같이 자기를 깨끗하게 하느니라 요일 3:3**

2) 헬라어로 '단장'은 '코스메오'($\kappa o \sigma \mu \epsilon \omega$), '정확한 순서대로 놓다, 꾸미다, 장식하다, 예배하다, 배치하다, 명예를 꾸미다'란 의미의 동사입니다.

이 말은 '조화로운 배치, 구조, 질서, 통치'라는 의미를 가진 '코스모스'($\kappa \acute{o} \sigma \mu \ddot{o} \varsigma$)에서 유래하였습니다.

헬라어의 '단장' 곧 '코스메오'에 담긴 뜻을 몇 가지로 설명해 보겠습니다.

첫째, '정확한 순서대로 놓다'란 의미가 있습니다.

창세기 1장 2절에 보면 우주(코스모스)는 흑암으로 덮였고 공허하고 무질서하게 엉켜 있었습니다. 영적으로는 죄로 심판을 받아 엉망이 된 사람의 마음속을 설명해 주는 내용이기도 합니다. 이 말은 영적으로 생명의 빛이신 그리스도가 세상에 오시기 전에는 흑암이고 공허하고 무질서했다는 의미입니다. 영적으로 밤과 낮이 세상에 있게 된 것은 주님이 오신 이후부터입니다. 한마디로 불신자들의 속은 아직 흑암이고 믿는 자는 빛이 있으니 낮이라는 의미입니다. 그러나 밤과 낮이 있게 되어 자고 깨는 사이에 생명이 자라가는 것입니다.

그러므로 창조 6일은 그리스도 안에 생명이 있는 때부터 완성되는 과정을 그려 놓은 것입니다. 하나님의 생명의 빛을 설명하는 빛을 먼저 있게 하시더니, 저녁(밤)이 되고 아침(낮)이 되는 하루가 지나가면서 하나님의 손에 의해 창조되고 질서 있게 놓여집니다.

6일이 되니 하늘과 땅과 공중이나 물속까지 가득 채우셨습니다. 그것이 현재 우리가 보고 있는 우주입니다. 아주 정확하게 자리 배치 받고 하나님의 목적대로 경영되어가고 있습니다. 이것을 단장이라고 합니다. '조화로운 배치, 구조, 질서, 통치'라는 의미를 가진 '우주' 곧 '코스모스'입니다. 이렇게 '단장'이 '완성'된 것을 '신부'라 합니다. 대우주(大宇宙)가 하나님의 손에 창조되었을 뿐 아니라 단장되어 완성이 되었다면, 소우주(小宇宙)인 사람 속의 하나님 나라도 창조주의 손에 의하여 아름답게 단장될 것입니다.

하나님이 처음부터 정해주신 자리, 그곳에 있는 것이 단장입니다. 사람은 처음부터 하나님의 형상으로 만들어졌습니다. 그 형상을 크게 머리와 몸으로 나누어 생각해 본다면, 통치 기관인 머리가 하나님이시고 사람은 듣고 순종하는 몸의 위치로 지음을 받았습니다. 그러나 사단의 개입으로 질서는 깨어졌고 엉망이 되어 버렸습니다. 사단과 하나 되어 사단의 형상으로 전락하여 사단이 하던 일을 하고 있습니다. 그는 교만하여 하나님의 자리를 넘보았고 반역을 일으켰으며 우주로 쫓겨났습니다. 우주로 내쫓기었음에도 불구하고 사단은 집요하게 사람을 자기의 몸으로 삼고 사람 안에서 하나님의 자리를 훔치려는 일을 계속하고 있습니다. 그러므로 누군가가 육신의 열매요 어둠의 열매를 맺는다면, 그는 사단을 머리로 하여 사단의 몸이 되어 그에게 지배당하고 있다는 증거가 되는 것입니다.

예수님이 오신 것은 사단에게 사로잡혀 흑암 권세에 빠진 사람을 구원하고 사람 안의 무너진 성을 다시 세우시기 위함입니다.

구약 성경에 나오는 성막 안의 지성소는 새 예루살렘 성의 표상입니다.

지성소도 새 예루살렘 성도 모두 장(長길이), 광(廣너비), 고(高높이)가 같습니다 (대하 3:8).

또 지성소를 지었으니 성전 넓이대로 길이가 이십 규빗이요 너비도 이십 규빗이라 순 금 육백 달란트로 입혔으니 대하 3:8

그 성은 네모가 반듯하여 길이와 너비가 같은지라 그 갈대 자로 그 성을 측량하니 만 이천 스다디온이요 길이와 너비와 높이가 같더라 계21:16

무질서했던 이 땅의 하나님 나라가 주님의 열심으로 완성된 결과입니다. 이와 같이 사람 속의 하나님 나라도 주의 명령을 따라 정해진 자리에 정확하게 완성될 것을 말씀하고 있습니다. 무질서했던 우주가 질서 정연해진 것과 같이 무질서했던 사람 안의 하나님 나라가 질서 있게 되어 갑니다. 신랑 되신 예수님으로 인하여 신부인 교회가 온전히 순종하여 우주적인 하나님 나라가 완성되는 것을 단장이라고 합니다. 먼저는 개인 단장이요, 다음은 단체 단장입니다. 그러므로 성도가 그리스도를 머리로 하는 몸의 위치로 바르게 자리 잡고 자기의 역할 곧 사명이 무엇인지 알고 행한다면 그는 장성한 성도입니다.

둘째, '준비하다'란 의미가 있습니다.

신랑 되신 예수님은 자기의 신부인 교회에게 새 예루살렘 성으로 완성되도록 단장하라 부탁하시고 가셨습니다. 그리고 다시 오실 신랑을 기다리라 하셨습니다(계 19:7).

이러므로 너희도 준비하고 있으라 생각하지 않은 때에 인자가 오리라 마 24:44

그들이 사러 간 사이에 신랑이 오므로 준비(예비)하였던 자들은 함께 혼인 잔치에 들어가고 문은 닫힌지라 마 25:10

건축의 측면에서 신부는 새 예루살렘 성입니다. 그 성은 오늘의 교회입니다. 전에는 땅의 건물 성전이었고, 광야에서는 성막이었고, 홍수 심판 때에는 방주였습니다. 결혼의 측면에서는 주의 명령을 따라 온전히 단장하라 하신 것이고, 건축의 측면에서는 흠 없이 완공하라는 말씀입니다.

하나님은 그의 나라 건축을 교회에게 맡기신 것입니다. 노아의 때에도 노아와 그의 가족들이 하나님의 명령을 따라 순종하여 방주를 완성하였고, 그 방주로 인하여 구원을 받았습니다.

믿음으로 노아는 아직 보이지 않는 일에 경고하심을 받아 경외함으로 방주를 준비(예비)하여 그 집을 구원하였으니 이로 말미암아 세상을 정죄하고 믿음을 따르는 의의 상속자가 되었느니라 히 11:7

아브라함도 믿음으로 예배할 때 하나님께서 한 성을 예비하셨는데 하늘에 있는 새 예루살렘 성입니다.

그들이 이제는 더 나은 본향을 사모하니 곧 하늘에 있는 것이라 이러므로 하나님이 그들의 하나님이라 일컬음 받으심을 부끄러워하지 아니하시고 그들을 위하여 한 성을 예비하셨느니라 히 11:16

단장은 곧 준비하는 것입니다. 신부로 단장이 완성되었는가를 척량(尺量)하는 것은 금 갈대입니다.

> 내게 말하는 자가 그 성과 그 문들과 성곽을 측량하려고 금 갈대 자를 가졌더라 계 21:15

금 갈대는 신랑이요 머리이신 그리스도입니다. 우리가 순종하면 주님이 완성해 주십니다. 마지막 때가 될수록 더욱 순종하고 더욱 깨어 준비하여야 하는데 이것이 단장입니다.

셋째, '장식하다'란 의미입니다.

시편 45편 말씀에 왕 앞에 나아가는 왕후와 여인들이 있습니다. 금으로 수놓은 옷을 입고 왕의 옆에 서 있는 것을 봅니다. 금은 거룩과 믿음과 말씀과 하나님의 본성을 의미합니다. 그러므로 금으로 수놓아 꾸미었다는 것은 하나님의 어떠함으로 자기를 단장하였다는 말씀입니다(고전 3:10-15).

금과 은과 보석은 하늘 예루살렘 성의 건축 재료로서 주님 자신의 어떠함입니다. 나무나 풀이나 짚은 썩을 수밖에 없는 세상 건축 재료로서 영적으로는 주님 없는 사람의 불의를 의미합니다. 이러한 재료로 아무리 준비하고 장식(꾸밈)하여도 모두 불타 없어져 버릴 것입니다.

> 오직 마음에 숨은 사람을 온유하고 안정한 심령의 썩지 아니할 것으로 하라 이는 하나님 앞에 값진 것이니라 전에 하나님께 소망을 두었던 거룩한 부녀들도 이와 같이 자기 남편에게 순종함으로 자기를 단장하였나니 벧전 3:4-5

금과 은과 보석으로 꾸며져 완성된 성이 새 예루살렘 성이요 주님의 신부인 것입니다.

넷째, '예배하다'란 의미가 있습니다.

세상의 모든 사람은 하나님께 예배하는 복을 받도록 지어졌습니다. 그러나 에덴 동산에서 하나님께 불순종함으로 그 복을 잃어버렸습니다. 도리어 하나님의 원수인 사단과 함께 하나님을 대적하는 삶을 살게 되었습니다.

예수님은 예배의 복('바라크' ברך 무릎 꿇다, 경배하다, 송축하다)을 주시려고 세상에 오셔서 십자가에서 죽으시고 부활하셨습니다.

> 그날에 큰 나팔을 불리니 앗수르 땅에서 멸망하는 자들과 애굽 땅으로 쫓겨난 자들이 돌아와서 예루살렘 성산에서 여호와께 예배하리라 사 27:13

십자가에서 모든 죄를 사하시고 무덤에 묻히셨다가 부활하심으로 사망을 이기시고, 모든 믿는 사람들에게 예배하는 복을 허락해 주셨습니다. 예배할 수 없는 자들을 불러 예배할 수 있는 복된 백성, 복된 신부, 복된 나라로 만들어 주셨습니다(시 132:7).

> 예수께서 이르시되 여자여 내 말을 믿으라 이 산에서도 말고 예루살렘에서도 말고 너희가 아버지께 예배할 때가 이르리라 너희는 알지 못하는 것을 예배하고 우리는 아는 것을 예배하노니 이는 구원이 유대인에게서 남이라 아버지께 참되게 예배하는 자들은 영과 진리로 예배할 때가 오나니 곧 이 때라 아버지께서는 자기에게 이렇게 예배하는 자들을 찾으시느니라 하나님은 영이시니 예배하는 자가 영과 진리로 예배

할지니라 요 4:21-24

오직 나는 주의 풍성한 사랑을 힘입어 주의 집에 들어가 주를 경외함으로 성전을 향하여 예배하리이다 시 5:7

죄인들은 예배할 수 없습니다 . 하나님 앞에 예배드릴 수 있는 복을 회복하는 자들은 하나님을 믿어 알고 그의 영과 은혜를 받은 사람들입니다. 누구든지 하나님을 예배하는 자들은 그 자체로 이미 복을 받은 것입니다. 그러나 그리스도인이어도 성령 안에 있지 않고 육에 속한 자가 되면 온전한 예배를 드릴 수 없습니다. 예배는 하나님의 영으로 되어지기 때문입니다.

죽은 자들은 여호와를 찬양하지 못하나니 적막한 데로 내려가는 자들은 아무도 찬양하지 못하리로다 시 115:17

다섯째, '명예를 얻다, 명예로 꾸미다'란 의미가 있습니다.

모든 인류는 하나님을 떠나는 순간 참 명예를 상실합니다. 생명과 복과 명예를 잃어버린 채 죄와 사망으로 저주 가운데 사는 것입니다. 세상에서 사람들이 알고 있는 생명은 육의 생명으로서 잠깐 있다가 사라지는 안개일 뿐입니다. 믿지 않으니 예배할 수 없고 예배할 수 없으니 참된 복이 없습니다. 믿음과 예배가 없는 사람들이 엄청난 복으로 알고 있는 세상의 명예와 물질과 건강과 가족은 자기의 생명이 마쳐지는 순간 모두 사라져버립니다. 잠시 사는 동안 제 것처럼 여기며 살아가고 있어도 수고와 눈물뿐입니다. 사람이 땅에서 어떤 것이든 많이 소유하면 잠시 동안 명예를 누리는 것 같으나 이 또한 영원한 명예를 설명하는 그림자일 뿐입니다.

예수님은 사람에게 참 명예 곧 영원한 명예를 회복해 주시기 위해 오셨습니다. 친히 자신의 엄청난 영광과 명예를 버리시고 십자가에까지 낮아지심으로써 신부인 교회의 명예를 영원히 회복해 주셨습니다.

부활하신 주님은 창조주요, 무한한 영광 가운데 계신 하나님이십니다. 성도는 주님의 의로 덧입혀져 있기에 세상에서도 마귀 앞에서도 그 명예가 영광스럽게 빛을 발합니다.

많은 재물보다 명예를 택할 것이요 은이나 금보다 은총을 더욱 택할 것이니라 잠 22:1

룻이라는 이방 여자가 남편이 죽음으로 과부가 되어 모든 영광이 일시에 날아갔습니다. 그러나 시어머니 나오미를 따라 순종하여 보아스를 만나 이전보다 더한 영광과 명예를 얻었습니다.

이와 같이 주 앞에 창기요, 세리요, 우상 숭배자였던 사람들이 영광의 신랑이신 예수님을 믿음으로 하늘의 엄청난 영광의 명예를 얻습니다(요 17:22, 딤후 2:10, 골 3:4, 빌 3:21).

그런즉 여호와께서 너를 그 지으신 모든 민족 위에 뛰어나게 하사 찬송과 명예와 영광을 삼으시고 그가 말씀하신 대로 너를 네 하나님 여호와의 성민이 되게 하시리라 신 26:19

너희 믿음의 확실함은 불로 연단하여도 없어질 금보다 더 귀하여 예수 그리스도께서 나타나실 때에 칭찬과 영광과 존귀를 얻게 할 것이니라 벧전 1:7

성도가 만일 세상의 미혹을 끊고 예수님을 사랑하면 그 영광에 동참하게 될 것입니다(요일 2:15-18).

딸이여 듣고 보고 귀를 기울일지어다 네 백성과 네 아버지의 집을 잊어버릴지어다 그리하면 왕이 네 아름다움을 사모하실지라 그는 네 주인이시니 너는 그를 경배할지어다 시 45:10-11

사람이 예수님의 신부가 되려면

첫째, 구원을 얻기 위해 주님께 나아와야 합니다.

둘째, 주님의 십자가에 함께 세례(침례)를 받아 사망에서 생명으로 옮겨져야 하고,

셋째, 우리의 삶이 날마다 죄를 제거하고 세상의 육적인 것들로부터 벗어나야 합니다.

넷째, 주의 말씀과 하나가 되어 성령으로 말씀의 열매를 맺어야 합니다.

다섯째, 우리의 삶이나 교회 생활에서 질서가 있어야 하며 자기의 위치를 떠나지 않는 신앙을 가져야 합니다.

여섯째, 항상 신랑이신 예수님이 반드시 오신다는 재림의 신앙을 굳게 가져야 하고,

일곱째, 항상 주를 경외하고 그분을 예배할 때 그분을 누릴 뿐만 아니라 신랑이신 예수님의 사랑을 받아야 합니다.

여덟째, 금보다 명예를 택하는 것은 주님을 침노(侵擄)하는 신앙을 가짐으로 천국을 침노하는 것입니다. 날마다 의에 주리고 목마른 자가 되어 예수님이 없이는 살수 없는 마음을 가져야 합니다.

사마리아 여인처럼 천대받던 우리들, 마귀와 귀신들에게 이용을 당하고 수치스럽던 우리의 영혼이 주님의 신부가 됩니다. 그 영광 가운데서 천사가 흠모하고 성령이 시기하는 위치로 우리의 명예를 높이십니다. 참으로 이기는 자는 하나님의 자녀요 신부이며 왕이니 이보다 더한 명예는 없습니다.

예수님은 죄로 말미암아 사망과 저주를 받아 불명예 가운데 있는 존재들을 일으켜 하늘의 명예를 입혀주시려고 오셨습니다. 사무엘상 25장에 보면 아비가일과 나발의 이야기가 있습니다.

그 사람의 이름은 나발이요 그의 아내의 이름은 아비가일이라 그 여자는 총명하고 용모가 아름다우나 남자는 완고하고 행실이 악하며 그는 갈렙 족속이었더라 삼상 25:3

아비가일은 현숙한 여인이었으나 그의 남편 나발은 악한 자였습니다. 후에 나발은 자기의 미련함으로 죽게 되고 아비가일은 자기의 지혜로 이스라엘의 왕 다윗의 아내가 됩니다. 아비가일은 교회의 표상이고, 나발은 악한 마귀의 표상이며 다윗은 예수님의 표상입니다. 오늘 교회가 마귀 밑에서 온갖 미혹과 학대를 받다가 예수님을 믿고 명예를 얻게 된 주님의 여자입니다. 이 외에도 기생 라합, 룻, 밧세바, 술람미 여인, 사르밧 과부 등등 수많은 구약의 여인들이 있습니다. 신약에도 일곱 귀신 들려 고통 당하다 신랑 예수님 앞에 구원 받은 여인을 시작으로 소경, 문둥병자, 각색 병든 자, 가난한 자들이 있습니다. 그리고 주 안에 구원 받은 모든 사람들은 예수님으로 인하여 명예가 회복된 사람들입니다.

그러나 이 모든 과정은 예수님의 본을 따른 것입니다.

예수님은 상천하지(上天下地)에 제일가는 명예를 가지신 분이십니다. 그분은 자기의 사랑하는 신부인 교회의 명예를 회복하시기 위해 우주 안에서 가장 불

명예의 길인 십자가를 지셨습니다. 그리고 죄인들이 사망하여 들어가는 묘실(墓室)에 들어가셨습니다. 하나님 아버지는 의로우신 아들을 사망과 음부 안에 두지 않으시고 살리셔서 아버지의 보좌 우편에 앉히셨습니다. 본래의 명예를 회복하셨습니다.

그리스도가 이런 고난을 받고 자기의 영광에 들어가야 할 것이 아니냐 하시고 눅 24:26

모든 은혜의 하나님 곧 그리스도 안에서 너희를 부르사 자기의 영원한 영광에 들어가게 하신 이가 잠깐 고난을 당한 너희를 친히 온전하게 하시며 굳건하게 하시며 강하게 하시며 터를 견고하게 하시리라 벧전 5:10

하나님께서 교회를 사랑하셔서 특별히 구별하시는 역사를 보게 되면 교회의 영적인 위치를 알게 되고 흔들림 없는 믿음 위에 산 소망을 갖게 됩니다. 하나님께서는 교회를 위하여 완성된 신부의 모습 새 예루살렘 성을 보여 주심으로 흐트러짐 없이 단장할 수 있도록 세밀하게 배려하십니다.

Chapter 6
성도의 영적인 주소,
산 위에서 신부의 비전을 보다

일곱 대접을 가지고 마지막 일곱 재앙을 담은 일곱 천사 중 하나가 나아와서 내게 말하여 이르되 이리 오라 내가 신부 곧 어린 양의 아내를 네게 보이리라 하고 성령으로 나를 데리고 크고 높은 산으로 올라가 하나님께로부터 하늘에서 내려오는 거룩한 성 예루살렘을 보이니 하나님의 영광이 있어 그 성의 빛이 지극히 귀한 보석 같고 벽옥과 수정 같이 맑더라 계 21:9-11

성도를 성전이라 표현하는데(고전 3:16-17, 엡2:20-22), 성경 말씀이 모두 이루어지는 요한계시록 끝에는 성 안에 성전이 없습니다. 주님이 친히 성전이시고 개인 성전이었던 성도들은 단체 성전으로 연합되어 주의 몸으로 존재하고 있기 때문입니다.

성 안에서 내가 성전을 보지 못하였으니 이는 주 하나님 곧 전능하신 이와 및 어린 양이 그 성전이심이라 계 21:22

그런데 창세기부터 살펴보면 대부분 하나님과 성전의 역사가 산 위에서 시작됨을 보여주고 있습니다. 산 위에 위치해야 하는 몇 가지의 이유가 있습니다.

첫째, 주님의 존재와 위치는 항상 땅보다 위에 계시며, 하늘 위에 계십니다.

하나님이여 주는 하늘 위에 높이 들리시며 주의 영광이 온 세계 위에 높아지기를 원하나이다 시 57:11

둘째, 통치의 측면에서 하나님은 항상 터가 높은 곳에 위치하여 아래로 그의 생명수를 흘려 내리십니다(계 22:1-3). 물이 항상 위에서 아래로 흐르는 이유입니다.

터가 높고 아름다워 온 세계가 즐거워함이여 큰 왕의 성 곧 북방에 있는 시온 산이 그러하도다 시 48:2

그러므로 높이 계신 하나님이 자기의 성도인 성전을 산 위에 높이 올리셔서 온 땅에 빛을 비추게 하십니다. 이는 하나님의 성전된 교회가 영적으로 높이 위치해 있어야 한다는 의미가 됩니다.

* 신부의 영광을 보기 위한 이상의 체험들의 도표는 부록 페이지에 있음

성경에 나타난 몇 가지 예를 살펴보도록 하겠습니다.

1. 에덴 동산

'에덴'(עֵדֶן)은 '우아한 기쁨, 진미, 화려한 옷'을 의미하는 '에드나'(עֶדְנָה)라는 말에서 유래하였습니다. 그리고 '동산' '간'(גַּן)은 '울타리가 있는 정원, 뜰'이란 의미인데 '울타리 치다, 방어하다, 보호하다'란 의미를 가진 '가난'(גָּנַן)이란 말에서 유래하였습니다.

하나님께서 천국의 표상이요, 교회의 표상으로 이 땅에 최초로 에덴 동산을 창설하셨습니다. 우아한 기쁨이 있고, 화려한 옷을 입고 왕의 진미를 먹는 곳입니다. 그 동산은 하나님의 방법으로 보호가 되는 울타리가 있는 하나님의 정원입니다. 에덴 동산은 최초의 성전입니다. 하나님의 생명의 떡인 진미를 먹으며 우아한 기쁨이 있는 곳, 무화과나무 잎같이 부서지고 썩는 의가 아닌 영원히 화려한 옷인 그리스도의 의가 입혀지는 곳, 주님의 권능으로 보호되는 곳이 에덴 동산이요 성전입니다. 오늘날 교회이며 완전해질 새 예루살렘 성입니다.

이렇게 행복한 에덴 동산이 예수님을 표상하는 아담과 교회를 표상하는 하와가 결혼되어 살아가는 환경이었습니다. '에덴'과 '동산'이란 단어가 남성형과 여성형으로 같이 사용되어지는 것과 같이 천국은 신랑이신 그리스도와 신부인 교회의 우아한 누림의 무대요 하늘 가정입니다.

성전은 하나님의 생명과 사랑의 통치가 시작되는 근원지가 됩니다. 그러므로 이 땅의 처음 성전에서도 모든 생명의 근원인 물이 에덴에서 발원(發源)하는 것입니다. 물은 위에서 아래로 흐릅니다. 네 강의 근원이 에덴 동산에서 발원하였으니 평지보다 위에 존재하고 있습니다.

여호와 하나님이 동방의 에덴에 동산을 창설하시고 그 지으신 사람을 거기 두시니라 여호와 하나님이 그 땅에서 보기에 아름답고 먹기에 좋은 나무가 나게 하시니 동산 가운데에는 생명나무와 선악을 알게 하는 나무도 있더라 강이 에덴에서 흘러 나와 동산을 적시고 거기서부터 갈라져 네 근원이 되었으니 창 2:8-10

성경 해석상 물은 영적으로 생명의 성령을 의미합니다. 세상에서 육신을 입고 사는 모든 사람들이 물이 있는 강을 중심으로 사회를 이루고 살아갑니다. 육신의 삶을 살아가는 데 물이 절대적임을 의미하는 것입니다. 물은 위에서 아래로 흐릅니다. 영적으로 생명을 살리는 생명수의 근원은 항상 높은 곳에 위치한 성전이 근원 되어 흘러내림을 볼 수 있습니다. 에덴 동산도 평지보다 높은 산이며 네 강이 흘러 많은 생명들을 살게 하였습니다.

에스겔 47장에 나오는 물도 성전에서 흘러내려 온 땅을 비옥하게 만들고 생명이 살게 하였습니다. 그러나 이 모든 것은 영적인 것에 대한 그림자였습니다. 실제는 성도의 마음속에 하나님이 높이 계셔서 그 보좌에서 생수의 강을 흘려주심으로 마음에 천국이 이뤄지게 됩니다. 평강(平康)의 강의 통치이며 곧 성령의 통치입니다.

명절 끝 날 곧 큰 날에 예수께서 서서 외쳐 이르시되 누구든지 목마르거든 내게로 와서 마시라 나를 믿는 자는 성경에 이름과 같이 그 배에서 생수의 강이 흘러나오리라 하시니 이는 그를 믿는 자들이 받을 성령을 가리켜 말씀하신 것이라 (예수께서 아직 영광을 받지 않으셨으므로 성령이 아직 그들에게 계시지 아니하시더라) 요 7:37-39

또 그가 수정 같이 맑은 생명수의 강을 내게 보이니 하나님과 및 어린 양의 보좌로부터 나와서 길 가운데로 흐르더라 강 좌우에 생명나무가 있어 열두 가지 열매를 맺되 달마다 그 열매를 맺고 그 나무 잎사귀들은 만국을 치료하기 위하여 있더라 다시 저주가 없으며 하나님과 그 어린 양의 보좌가 그 가운데에 있으리니 그의 종들이 그를 섬기며 계 21:1-3

2. 아라랏 산

아라랏은 지금의 터키의 동부지역에 쿠르드족이 거주하는 아르메니아 국경 지역에 위치한 산입니다. 대 아라랏 산(해발 5,137m)과 소 아라랏 산(해발 3,914m)이 있습니다. 히브리어로 '아라라트'(אֲרָרָט)인데 '거룩한 땅'의 뜻이라고도 하고, 근방의 마을에서는 수천 년 간 '쿠히수흐'라 불렀는데 '노아의 산'이라 부릅니다. 성경에서 '아라라트'라는 산 이름으로 기록하고 있으나 정확한 뜻을 알 수가 없고 학자들마다 다르게 설명하고 있습니다.

다만 '아라라트'(אֲרָרָט)란 단어의 히브리어의 철자에 담긴 의미를 파자(破字)하여 설명해 보겠습니다.

'알렢'(א)은 '최초, 하나님'을 의미하고 '레쉬'(ר)는 '머리, 남편' 그리고 '테트'(ט)는 '뱀, 지혜'이니 연결하면 '머리이신 하나님이 지혜로 새 세상을 시작하는 의미'입니다. 그렇습니다. 교회는 남편이요 머리이신 예수님의 지혜로 단장되어 완성됩니다(시 104:24, 고전 3:10).

집은 지혜로 말미암아 건축되고 명철로 말미암아 견고하게 되며 또 방들은 지식으로 말미암아 각종 귀하고 아름다운 보배로 채우게 되느니라 잠 24:3-4

방주는 성전과 하나님 나라를 표상하는데 평지가 아닌 아라랏 산에 머물렀습니다. 온 세상이 물로 심판을 받을 때 영원한 성전의 표상인 방주는 심판의 바다 위에 떠 있었고 새 인류가 아라랏 산에서 시작되었습니다.

> 일곱째 달 곧 그 달 열이렛날에 방주가 아라랏 산에 머물렀으며 물이 점점 줄어들어 열째 달 곧 그 달 초하룻날에 산들의 봉우리가 보였더라 창 8:4-5

이전 세상이 범죄로 인하여 물로 심판을 받고 교회를 표상하는 방주는 아라랏 산에 머물렀습니다. 방주로 구원을 받은 노아의 가족으로부터 새로운 세상이 펼쳐진 것과 같이 영적으로 보면 지금도 같은 상황입니다.

성경은 세상을 깊은 바다와 음부로 비유하였습니다. 음부 안에는 수많은 죽은 자들이 있습니다. 그런데 구원자 예수님으로 인하여 수많은 사람들이 살아서 방주인 교회 안에 살고 있습니다. 교회는 심판을 면하고 구원을 받은 사람들입니다. 방주 안에 안식이라는 의미의 이름을 가진 노아가 통치자로 있었습니다. 예수님은 안식일의 주인으로 교회의 머리요, 주인이십니다. 그러나 지금도 방주의 실제인 교회 밖에는 수많은 죽은 자들이 떠돌아다니고 있습니다. 그들에게 복음을 전하여 살려내는 것을 전도라 합니다.

3. 모리아 땅의 한 산

'모리아'는 히브리어로 '모리야'(מוֹרִיָּה), '여호와께 보여짐'이란 뜻인데 '보다'라는 말의 '라아'(רָאָה)와 '예호바'란 말의 단축형인 '야'(יָהּ)의 합성어입니다.

여호와께서 이르시되 네 아들 네 사랑하는 독자 이삭을 데리고 모리아 땅으로 가서 내가 네게 일러 준 한 산 거기서 그를 번제로 드리라 창22:2

하나님께서 아브라함에게 아들 이삭을 모리아 산에서 번제(燔祭)로 드리라 하셨습니다. 이삭은 예수님의 표상이고, 그 장소는 오늘의 예루살렘입니다. 모리아 산이 오늘 예루살렘이냐는 사실에 대하여 논쟁이 있는데 역대하 3장 1절이 그것에 관한 가장 확실한 증거가 됩니다.

솔로몬이 예루살렘 모리아 산에 여호와의 전 건축하기를 시작하니 그 곳은 전에 여호와께서 그의 아버지 다윗에게 나타나신 곳이요 여부스 사람 오르난의 타작 마당에 다윗이 정한 곳이라 대하 3:1

예수님께서는 오래 전 이삭이 번제로 드려졌던 모리아의 한 산인 지금의 예루살렘에서 십자가를 지셨습니다. 예수님께서 십자가에 달려 죽으심으로 세상이 구원을 받게 됩니다. 하나님의 아들의 죽음과 새로운 시작이 된 곳, 바로 모리아의 한 산입니다. 한 사람 첫 아담의 범죄로 인하여 하나님의 정원인 에덴이 파괴되었는데 다시 한 사람인 둘째 아담 예수로 인하여 영원한 에덴이 복구되는 시발점이요, 근원지입니다.

사실 이 땅에 있는 에덴은 상징 이상의 것이 될 수 없습니다. 실제는 사람 안의 하나님 나라의 건설입니다. 예수님의 죽으심과 부활하심, 그리고 성령 강림으로 인하여 교회가 세워졌습니다. 영원한 에덴입니다.

'모리아'의 뜻이 '여호와께 보여짐'이란 의미대로 그 산에서 십자가를 지신 예수님께서 제물이 되어 의로운 피가 죄인을 위해 흘려지는 것이 아버지께 보여졌고 세상에 보여졌습니다. 이제 죄인들 중에서 그 피를 보고 믿는 자마다 심판을 면하고, 아버지께서도 우리의 죄를 보지 않으시고 죄 덩어리로 뭉쳐진 사람이라 하더라도 예수님의 피로 덮여 있는 것을 보시고 심판을 거두십니다(출 12:12-13).

4. 시내 산

시내 산은 '씨나이'(סיני)인데, 모세가 여호와로부터 율법을 받은 산으로서 시나이 반도 남쪽 끝에 위치한 산입니다. '씨나이'란 의미가 '수풀'이라 하나 출처가 명확하지 않습니다. 실제로 시내 산이 있는 곳은 수풀이 우거져 있지 않고 도리어 메마른 광야 같은 곳입니다. 그런데도 '수풀'이란 의미를 가지고 있다면 영적으로 두 가지 해석이 가능합니다.

첫째, 예수님은 양의 목자이시면서(요 10:9-11) 먹이이신 꼴(풀)이십니다(요 6:55, 욜 1:18). 시내산은 모세가 십계명 받아 내린 곳입니다. 뒤에서 보겠지만 십계명은 하나님의 말씀이고 계명입니다. 그 계명은 사랑이었고(요 13:34-35) 사랑은 하나님이십니다(요일 4:8, 16). 그런데 하나님은 양들의 양식이십니다. 시내 산에서 십계명이 내리는 것은 하나님께서 자기의 양들의 양식으로 내리시는 측면이 있는 것입니다.

둘째, 성경은 사람들이 수풀로 비유되었습니다(시 103:15).

네 자손이 많아지며 네 후손이 땅의 풀과 같이 될 줄을 네가 알 것이라 욥 5:25

그러므로 모든 육체는 풀과 같고 그 모든 영광은 풀의 꽃과 같으니 풀은 마르고 꽃은 떨어지되 벧전 1:24

이스라엘 백성들이 시내 산 밑에 진을 치고 있음은 영적으로 많은 숲이 되고 오늘 교회도 하나님 앞에 있는 생명의 숲으로 비유할 수 있습니다.

성경에서 나오는 시내 산(수풀)과 호렙 산(메마름)은 같은 산으로서 의미만 다릅니다. 최근에는 산의 위치도 의견이 분분하나 영적인 해석을 하기엔 크게 문제가 되지 않습니다. 중요한 것은 그곳에서 하나님께서 하신 일과 그 일이 담고 있는 하나님의 목적이 무엇인가를 깨닫는 것입니다.

예수님을 표상하는 모세가 하나님의 명을 받아 시내 산에 오르게 됩니다. 그곳에서 사십 주야를 있으면서 하나님께 십계명과 성막의 계시를 받게 됩니다(출 24:12, 18).

너는 산에서 보인 양식대로 성막을 세울지니라 출 26:30

예표상 십계명이 시내 산에서 계시되는 것은 하나님이 자기 백성에게 말씀으로 내리는 의미입니다. 이 일로 출애굽기 19장 10절에서 11절에 보면 이스라엘의 모든 백성들로 하여금 정결케 하고 제삼일을 기다리라 한 것입니다. 말씀이신 그리스도가 제삼일 만에 부활하여 백성에게 나타나실 것에 대한 표상입니다. 시내 산 위에서 모든 율법이 내려지고 교회를 표상하는 성막이 세워집니다. 성막은 우리가 아는 대로 성전이고 참 성전은 교회입니다. 교회는 영적으로 온 땅보다 높이 들려 있어 세상에 빛을 발하는 영광의 통로입니다.

5. 크고 높은 산 1

하나님께서 에스겔 선지자에게 성전을 계시하실 때 이상 중에 크고 높은 산 위로 데리고 가셨습니다.

하나님의 이상 중에 나를 데리고 이스라엘 땅에 이르러 나를 매우 높은 산 위에 내려 놓으시는데 거기에서 남으로 향하여 성읍 형상 같은 것이 있더라 겔 40:2

에스겔에게 이상으로 보이신 성전은 아직 한 번도 이 땅에 세워지지 않은 성전입니다. 솔로몬 성전이나 스룹바벨 성전, 그 어떤 성전의 수치도 이와 같지 않습니다. 이스라엘이 고토(故土)로 돌아와서 앞으로 건축될 성전이 분명합니다. 이 성전을 예언한 해석자들은 제삼 성전이라 부릅니다. 그리고 이 성전이 세워지면 예수님께서 재림하실 분명한 신호로 보고 있습니다. 분명한 것은 이 성전을 계시하실 때도 산 위의 높은 곳으로 이끌어 가셨고 성전도 높은 곳에 위치하게 됩니다(슥 14:4-10).

여호와께서 천하의 왕이 되시리니 그 날에는 여호와께서 홀로 한 분이실 것이요 그의 이름이 홀로 하나이실 것이라 온 땅이 아라바 같이 되되 게바에서 예루살렘 남쪽 림몬까지 이를 것이며 예루살렘이 높이 들려 그 본처에 있으리니 베냐민 문에서부터 첫 문 자리와 성 모퉁이 문까지 또 하나넬 망대에서부터 왕의 포도주 짜는 곳까지라 슥 14:9-10

그리고 높이 들린 성전 미문에서 생명수가 솟아 아라바를 지나 에나글라임까지 흐르게 됩니다. 강물이 닿은 곳마다 모든 생명이 되살아나는 역사입니다.

그 생수는 문지방에서 스미어 나오나 근원은 하나님의 성소입니다(겔 47:1, 12).

물론 영적으로 오늘 교회에 일어나는 일로 비유해서 교훈을 받을 수도 있으나 앞으로 실제 일어날 일이기도 합니다.

중요한 것은 성전을 보는 이상도 높은 곳, 성전이 세워지는 곳도 높은 곳, 성전의 보좌에서 흘러내리는 근원지도 높은 곳이라는 점입니다. 하나님의 통치 원칙은 위에서 아래로 내린다는 것입니다.

6. 산상수훈의 산

실제의 성전이신 예수님께서 자신의 몸인 성전 곧 교회를 얻으시려고 산 위에 오르셔서 말씀을 가르치십니다. 그 말씀을 받아먹은 자들이 '산 위의 동네'(폴리스 πόλις)가 되는데 이 동네는 새 예루살렘 성(뉴-폴리스)을 의미합니다. 곧 신부입니다.

τὴν πόλιν('텐 폴린', 동네, 도시, 성)   τὴν ἁγίαν('텐 하기안', 거룩한)
Ἰερουσαλὴμ(예루살렘)   καινὴν('카이넨', 새)

예수께서 무리를 보시고 산에 올라가 앉으시니 제자들이 나아온지라 입을 열어 가르쳐 이르시되 마 5:1-2

교회는 성전이고 성전이 세상에 하나님의 빛을 발하기 위하여 높이 들려져 있는 모습입니다. 예수님은 하나님 나라인 교회를 세우기 위하여 상징적으로 산에 오르신 것입니다. 예수님이 친히 성전이시니 그 성전에서 나오는 말씀과 성령으로 교회가 처음 세워지는데 산 위에 있는 동네입니다. 가시적 교회는 땅 위의 사람들로 구성이 되지만 영적으로는 이미 높은 산 위, 또는 하늘에 앉은 자들입니다. 교회가 소유한 말씀과 영과 사역은 모두 하늘의 것입니다(약 3:17-18). 그러므로 교회의 머리 되신 그리스도와 그의 몸이요 신부인 교회는 땅에서 높이 들려져 있는 것입니다.

> 또 함께 일으키사 그리스도 예수 안에서 함께 하늘에 앉히시니 이는 그리스도 예수 안에서 우리에게 자비하심으로써 그 은혜의 지극히 풍성함을 오는 여러 세대에 나타내려 하심이라 엡 2:6-7

7. 변화산

예수님께서 신부인 교회를 데리러 오시는 이상을 보이시려고 제자 셋을 데리고 높은 산으로 가셨습니다. 그곳에서 재림하시는 신랑의 모습을 보여주셨습니다.

> 엿새 후에 예수께서 베드로와 야고보와 그 형제 요한을 데리시고 따로 높은 산에 올라가셨더니 마 17:1

예수님께서 함께하는 제자 중 죽기 전에 인자가 왕권을 가지고 오는 것을 볼 자들도 있다고 말씀하셨습니다(마 16:28). 엿새 후에 베드로와 야고보와 요한을 데리고 따로 높은 산에 오르셨습니다. 그 산이 어떤 산인지는 밝혀지지 않고 있으나 '높은 산'이라고만 기록하고 있습니다. 데리고 올라가 보여주신 것은 모세와 엘리야와 예수님께서 함께 대화하시는 장면이었습니다. 물론 이 사건은 모세와 엘리야의 사역인 두 증인의 사역과 함께 다시 오실 그리스도를 암시하고 있습니다.

주께서 이러한 이상을 보이실 때 높은 산을 택하신 것은 하나님 나라는 높은 곳에 위치하고 높은 곳이 근원됨을 알게 하시는 것입니다. 우주 밖 하늘 보좌에 계시던 주님이 이 땅에 오셔서 하나님의 나라인 교회를 완성하시사 다시 하늘로 이끌어 올라가시겠다는 주님의 목적에 따른 의지이십니다. 그러므로 하늘의 신부인 교회의 삶은 하늘을 소망하고 하늘 것으로 살아야 합니다. 땅과 그 안에 있는 모든 것들은 영원하지 못합니다. 주님으로 인하여 하늘의 영광을 본 신부요 제자들은 신랑과 함께, 신랑으로 인하여, 신랑을 위하여 살다가 신랑의 품에 영원히 안식한 복된 사람들이었습니다.

8. 하늘에 있는 시온 산

어린양의 신부인 교회가 하늘 시온 산에서 예배하는 광경입니다. 높은 산의 영적인 단계로 승리한 주님의 신부들의 노래입니다.

또 내가 보니 보라 어린 양이 시온 산에 섰고 그와 함께 십사만 사천이 서 있는데 그들의 이마에는 어린 양의 이름과 그 아버지의 이름을 쓴 것이 있더라 계 14:1

'시온'($\Sigma\iota\omega\nu$)은 히브리어 '찌온'(ציּוֹן)에서 유래한 지명입니다. 찌온은 '눈에 띄다'라는 의미를 가진 '찌윤'(ציון)이라는 단어에서 유래하였는데 '기념비석, 안내하는 기둥'이라는 의미를 함께 가지고 있습니다. 이스라엘의 역사 속에서 예루살렘 지역의 한 언덕을 시온이라고 하기도 했고 예루살렘 성이 있는 전체를 시온이라고 부르기도 했습니다. 또한 영적으로는 승리한 교회를 시온이라고 일컫기도 합니다. 승리한 교회는 높이 들려진 도시(성)로서 세상에 빛을 발하는 성도들을 말씀하는 것입니다. 눈에 띄도록 높이 들려진 기념비적인 승리한 교회는 하나님 눈에도 띄게 되어 있습니다.

9. 크고 높은 산 2

창조의 목적이요 성경의 결론이며 하나님의 갈망이었던 새 예루살렘 성, 곧 어린양의 아내가 완성되었습니다. 그 이상을 보여주시기 위해 사도 요한을 성령으로 데리고 크고 높은 산으로 안내하셨습니다. 물론 이 이상은 건축으로 말하자면 조감도(鳥瞰圖)와 같은 것으로서 완성된 설계도를 미리 보여주신 것입니다.

일곱 대접을 가지고 마지막 일곱 재앙을 담은 일곱 천사 중 하나가 나아와서 내게 말하여 이르되 이리 오라 내가 신부 곧 어린 양의 아내를 네게 보이리라 하고 성령으로 나를 데리고 크고 높은 산으로 올라가 하나님께로부터 하늘에서 내려오는 거룩한 성 예루살렘을 보이니 계 21:9-10

창세기에서 계시록까지 성경에 나타난 성전의 영광, 곧 신부의 이상(VISION)을 보기 위하여 성도가 항상 있어야 할 영적 위치는 산 위였습니다. 우리의 신앙이 육에 젖어 영적으로 장성하지 못하면 그 이상을 볼 수 없습니다. 그저 땅에서 자기의 의나 챙기며 세상 사람들과 다를 바 없이 썩어 없어져 버릴 육적인 복을 하나라도 더 차지하기 위하여 무한 경쟁을 하는 무가치한 삶을 살아갈 뿐입니다. 이러한 삶은 하늘에서 볼 때 약육강식의 세상인 동물의 왕국과 다를 바 없습니다.

주님의 은혜로 거듭난 사람은 하나님 나라에 소속된 백성으로서 땅의 것을 찾지 말고 위를 바라보며 위엣 것을 찾는 주님의 거룩한 신부가 되어야 합니다.

그러므로 너희가 그리스도와 함께 다시 살리심을 받았으면 위의 것을 찾으라 거기는 그리스도께서 하나님 우편에 앉아 계시느니라 위의 것을 생각하고 땅의 것을 생각하지 말라 이는 너희가 죽었고 너희 생명이 그리스도와 함께 하나님 안에 감추어졌음이라 우리 생명이신 그리스도께서 나타나실 그 때에 너희도 그와 함께 영광 중에 나타나리라 그러므로 땅에 있는 지체를 죽이라 곧 음란과 부정과 사욕과 악한 정욕과 탐심이니 탐심은 우상 숭배니라 골3:1-5

신랑을 만난 신부는 신랑을 사랑하고 신랑을 위하여 자신을 단장합니다. 계시록 21장 2절에 보면 거룩한 성 새 예루살렘이 하늘에서 내려오는데 준비한 것이 남편을 위하여 신부가 단장한 것 같다고 하였습니다. 구약 성경에 실제의 신부에 대하여 여러 가지 예언과 비유가 있고 하나님의 이끄신 역사 속에도 여러 곳에 제시되어 있습니다. 구약 시대를 이어 신약의 교회 시대에까지 마귀의 가지가지 방해에도 불구하고 하나님의 열심은 우리를 신부 단장으로 이끌어 가십니다.
그 결과로 요한계시록 21장의 완성된 새 예루살렘 성을 보게 됩니다. 아무리 열심히 했다 하더라도 자기 의를 앞세워 그 성의 내용과 식양대로 단장되지 않았다면 잘못된 것입니다. 따라서 성의 설계도를 따라 감독자이신 성령의 지시를 순종하여 사는 삶은 너무나 중요합니다.

신부 단장을 이야기하니 어렴풋이 옛 생각이 떠오릅니다. 어릴 적 동네에 결혼이 있게 되면 온 동네와 이웃 동네까지 소문이 나게 됩니다. 결혼식 전에 신부는 혼수품을 본인이 살아갈 시집에 먼저 보냅니다. 그 짐은 소달구지에 실려 오는데 부잣집들은 트럭에 실어 오기도 하였습니다. 혼수품을 구경하기 위하여 동네 사람들이 몰려나옵니다. 이구동성(異口同聲)으로 신부가 준비를 많이 했네, 적게 했네 하면서 한마디씩 평가를 하기도 했습니다. 신랑 집에서는 잔치에 먹을 돼지를 잡고 동네 아주머니들은 자기 일을 멈추고 모두 나와서 음식 만들기를 거들었습니다. 혼인식 날 신랑은 단령(團領)이라는 옷을 입고 사모관대(紗帽冠帶)로 치장을 합니다. 옛날에는 관직에 있는 사람들이나 하는 제복이었으나 조선 시대에 결혼식 날만큼은 허락이 되었다 합니다. 역시 결혼하는 신랑은 최고의 영광입니다. 신부도 연지와 곤지를 양 볼에 찍고 머리에는 족두리로 치장합니다. 그리고 아름다운 혼례복을 입고 가마를 타고 와서 신랑 집의 한 방에 있게 됩니다. 두꺼운 이불을 펴고 그 위에 신부가 앉아 있으면 온 동네 사람들이 찾아와 구경합니다. 그날 신부는 일생에 최고로 아름답게 단장합니다. 사람들, 특히 여인들이 보고 신부가 예쁘다고 온갖 칭찬을 하며 자기들의 결혼을 추억하기도 하고 아직 미혼인 처녀들은 부러워하기도 합니다. 그리고 온 동네 사람들과 일가친척을 모시고 성대한 혼인식을 하게 됩니다.

이와 같이 오늘 주의 신부인 교회도 하나님 앞과 천사들 앞에서 자기의 단장을 평가 받을 날이 오게 될 것입니다. 신부 단장을 최종 평가할 그리스도께서 심판석에 있게 될 것이고 모두가 그곳에서 판단을 받게 될 것입니다(롬 14:10, 딤후 4:7-8).

이는 우리가 다 반드시 그리스도의 심판대 앞에 나타나게 되어 각각 선악 간에 그 몸으로 행한 것을 따라 받으려 함이라 고후 5:10

미혹이 많은 이때 인내하고 절제하며 그리스도에게 충성하는 자들은 신랑예수를 기쁘게 하는 신부입니다. 그러나 세상에 미혹을 받아 자신을 더러움에 내어주고 악한 행실에 주저하지 않는 신부는 신랑에게 괴로움을 드리는 불쌍한 자가 될 것입니다.

어진 여인은 그 지아비의 면류관이나 욕을 끼치는 여인은 그 지아비의 뼈가 썩음 같게 하느니라 잠 12:4

어린 양의
신부를 완성하기
위한 십계명

십계명을 통하여 하나님이 사랑이심을 깨닫게 되면 하나님께서 그 크신 사랑으로 사랑의 도성 새 예루살렘으로서의 신부를 완성하시려는 것을 알게 됩니다. 그 깨달음의 연장선에서 오늘 성도는 어떠한 모습으로 연합되어야 할 것인가를 보게 하십니다.

어린 양의 신부를
완성하기 위한 십계명

1. 사람이 처음 받아먹은 율법

하나님은 에덴동산 성전에 선악을 알게 하는 나무를 만들어 놓으셨습니다. 그리고 그곳에 하나님의 형상으로 만들어진 사람을 두셨습니다.

여호와 하나님이 동방의 에덴에 동산을 창설하시고 그 지으신 사람을 거기 두시니라

여호와 하나님이 그 땅에서 보기에 아름답고 먹기에 좋은 나무가 나게 하시니 동산

가운데에는 생명 나무와 선악을 알게 하는 나무도 있더라 창 2:8-9

하나님은 선악을 알게 하는 나무의 열매를 먹으면 반드시 죽으리라는 말씀을 하셨는데(창 2:17) 마귀가 하와를 미혹하였습니다. 미혹에 빠진 하와는 자기도 먹고 아담에게도 먹게 하여 범죄함으로 사망을 당합니다. 범죄한 사람에게 주입된 선악과의 영향으로 이때부터 스스로 선과 악을 나누어 규정하고 정죄와 판

단을 일삼아 죄를 더하였습니다. 예수님을 모르는 사람들마저도 자기의 옳고 그름을 잘 알고 있으면서도 선한 것은 지키지 못하고 악한 것은 멈추지 못합니다.

선악 나무의 열매는 율법입니다. 율법이 하나님의 말씀인 것과 같이 선악 나무의 열매도 하나님 말씀의 표상입니다. 그러므로 생명과도 선악과도 하나님의 법인 말씀입니다. 하나님의 율법을 먹어버린 사람은 선도 온전히 행할 수 없고 악도 멈추어지지 않는 자신을 발견하게 됩니다. 뒤에서 다루겠지만 선을 행하는 이도 하나님, 악을 멈출 수 있는 이도 하나님밖에 없습니다. 따라서 사람은 주 안에 있으면 생명의 열매가 맺어지고 악도 그치게 됩니다. 그러나 육 안에 거하면 생명의 열매를 맺지 못하고 죄만 더하게 됩니다. 성도 안에 '생명의 성령의 법'과 '죄와 사망의 법'이 함께 존재하는 것을 알 수 있습니다(롬 7-8장). 그러므로 성도는 자신에게 어떠한 열매가 맺어지는가를 보고 자가 진단을 할 수 있습니다.

2. 십계명 - 먹으라고 주어진 율법

이러한 첫 아담의 후손들에게 모세를 통하여 시내 산에서 십계명과 율법을 내려 주셨습니다. 여러 계명 중에 십계명은 하나님의 사람이라면 영원히 지켜야 할 대표적인 말씀이며 계명이고 언약입니다.

너는 나 외에는 다른 신들을 네게 두지 말라 너를 위하여 새긴 우상을 만들지 말고 또 위로 하늘에 있는 것이나 아래로 땅에 있는 것이나 땅 아래 물 속에 있는 것의 어떤 형상도 만들지 말며 그것들에게 절하지 말며 그것들을 섬기지 말라 나 네 하나님 여호와는 질투하는 하나님인즉 나를 미워하는 자의 죄를 갚되 아버지로부터 아들에게로 삼사 대까지 이르게 하거니와 나를 사랑하고 내 계명을 지키는 자에게는 천 대까지 은혜를 베푸느니라 너는 네 하나님 여호와의 이름을 망령되게 부르지 말라 여호와는 그의 이름을 망령되게 부르는 자를 죄 없다 하지 아니하리라 안식일을 기억하여 거룩하게 지키라 엿새 동안은 힘써 네 모든 일을 행할 것이나 일곱째 날은 네 하나님 여호와의 안식일인즉 너나 네 아들이나 네 딸이나 네 남종이나 네 여종이나 네 가축이나 네 문안에 머무는 객이라도 아무 일도 하지 말라 이는 엿새 동안에 나 여호와가 하늘과 땅과 바다와 그 가운데 모든 것을 만들고 일곱째 날에 쉬었음이라 그러므로 나 여호와가 안식일을 복되게 하여 그 날을 거룩하게 하였느니라 네 부모를 공경하라 그리하면 네 하나님 여호와가 네게 준 땅에서 네 생명이 길리라 살인하지 말라 간음하지 말라 도둑질하지 말라 네 이웃에 대하여 거짓 증거하지 말라 네 이웃의 집을 탐내지 말라 네 이웃의 아내나 그의 남종이나 그의 여종이나 그의 소나 그의 나귀나 무릇 네 이웃의 소유를 탐내지 말라 출 20:3-17

이스라엘 백성들은 계명을 지킨다고 하였으나 온전한 것이라고는 하나도 없었고, 계명을 내려 주신 하나님의 진정한 의도는 깨닫지도 못하였습니다. 죄로 죽어 있는 사람에게 사망을 확인시켜 주시려고 율법을 주셨는데, 그들은 열심으로 율법 지키는 것을 자신의 의를 자랑하는 수단으로 삼았습니다(롬 3:19, 4:15, 5:13, 20).

3. 계명을 완전케 하심

내가 율법이나 선지자를 폐하러 온 줄로 생각하지 말라 폐하러 온 것이 아니요 완전하게 하려 함이라 마 5:17

십계명은 하나님만 지킬 수 있는 법입니다. 그런데 "너희도 선악과 먹으면 하나님처럼 될 거야"라는 마귀의 말에 미혹된 결과 지금까지 하나님처럼 의로운 줄 착각하고 있습니다. 하나님은 그들에게 죄인인 것과 사망 당한 줄 알게 하여 살리시려는 목적을 가지셨습니다. 이것이 율법입니다.

> 그러므로 율법의 행위로 그의 앞에 의롭다 하심을 얻을 육체가 없나니 율법으로는 죄를 깨달음이니라 롬 3:20

이렇게 교만하고 무지한 인간에게 예수님이 오셔서 율법을 폐하시는 것이 아니라 완전하게 하신 것입니다. 율법이 죄를 낳는다면 완전한 율법은 더욱 피할 수 없는 완전한 죄를 깨닫게 만듭니다.

> 죄가 율법 있기 전에도 세상에 있었으나 율법이 없었을 때에는 죄를 죄로 여기지 아니하였느니라 롬 5:13

모세에게 내려 주신 율법은 겉을 보게 하여 겉으로만 범하지 않으면 육신을 죽이지 않았습니다. 예수님이 오셔서 직접 내려 주신 율법은 겉뿐만 아니라 속으로도 지키라는 법이었습니다.

마태복음 5장에서 7장까지에 나오는 산상수훈의 내용은 이렇게 강화된 율법의 대표적인 것들입니다. 이제 마음속으로 생각만 하여도 죄가 됩니다. 여인을 보고 음욕을 품어도 이미 간음한 것이 되고, 형제를 미워하면 살인, 탐심은 우상 숭배가 됩니다. 하나님은 계명을 강화하셔서 모든 인류를 죄 안에 완전히 가둔 다음 함께 살려내시길 원하셨습니다. 분명한 것은 하나님의 율법은 죄를 더하게 하는데 산상수훈은 구약의 율법을 더욱 완전케 한 법입니다. 이 말은 더욱 완전한 죄인으로 묶는 것입니다. 의인은 없나니 하나도 없음을 인간으로 깨닫게 하시는 하나님의 의도이십니다. 한마디로 완전히 죽었음을 알리신 다음 살려내시겠다는 하나님의 사역이십니다.

그럼에도 사람 속의 교만은 끝까지 하나님의 율법을 지켜 완전한 자라고 증명하고 싶어 합니다. 역사 속에서 끊임없이 도전하는 노력은 하나님 앞에서 무력함으로 증명되어 왔습니다. 그럼에도 하나님의 뜻을 알지 못하는 인간들은 계속 도전하여 자기가 완전한 자, 힘 있는 자, 왕 같은 존재임을 증명하려 할 것입니다. 이 일은 마귀의 일입니다. 예수님 앞에 의롭다고 자처했던 율법사들과 같습니다. 마귀에게 미혹을 받아 하나님의 의도를 깨닫지 못하는 미련한 인간은 끝내 멸망하고 말 것입니다.

4. 십계명을 두 계명으로 압축

네 마음을 다하고 목숨을 다하고 뜻을 다하고 힘을 다하여 주 너의 하나님을 사랑하라 하신 것이요 둘째는 이것이니 네 이웃을 네 자신과 같이 사랑하라 하신 것이라 이보다 더 큰 계명이 없느니라 막 12:30-31

십계명을 두 단락으로 나누면 1계명에서 4계명까지는 하나님과 사람 사이의 언약입니다. 따라서 1계명에서 4계명까지를 잘 지키면 하나님과 하나 되는 계명이 완성됩니다. 하나님나라의 백성들이 지켜야 할 십계명을 결혼의 측면에서 해석하면 아래와 같은 내용이 됩니다.

결혼의 측면에서

제1 계명은 '하나님 외에 다른 남편을 두지 말라'입니다.

제2 계명은 '다른 남자를 두지 말고 그를 따르거나 섬기지 말라'입니다.

제3 계명은 '너의 신랑은 하나님 한 분이고 그의 이름이니 그 이름 위에 올라서지 말라'입니다. 이 말의 중심은 그분의 이름에 있습니다. 이름은 히브리어로 '쉠'(שֵׁם)인데 '명성, 평판, 영광, 기념물'이란 뜻입니다. 그러므로 그분의 이름을 망령되이 일컫지 말라는 의미는 우리의 삶 속에서 나의 의 곧 나의 이름의 명성이나, 평판이나, 영광으로 자기를 기념하면 그분의 명성과 영광을 가로채는 것이 됩니다. 오직 예수님만 기념하고 영광을 돌려야 하는 위치가 성도요 신부입니다. 모든 영광을 하나님께 돌려야 합니다.

제4 계명은 '너의 남편은 하나님 나 홀로이니 다른 남자의 품 곧 마귀의 품에서 안식을 찾지 말고 오직 내 안에서 안식하라'입니다.

방주 안에 '안식'이란 뜻을 가진 노아가 중심 되어 있었던 것과 같이 교회 안에 안식일의 주인이신 그리스도가 중심되어 있어야 합니다. 특히 예수님의 신부는 신랑이신 그리스도께서 주시는 안식만 누려야 합니다(마 11:28-30).

인자는 안식일의 주인이니라 하시니라 마 12:8

제5 계명에서 제10 계명은 하나님과 결혼 되어진 신부, 곧 하나님의 아내가 남편을 돕는 배필로서 이웃을 사랑하라는 계명입니다. 이것이 여자가 지음 받은 목적인데(창 2:18) 곧 하나님의 일입니다. 교회는 주 앞에서 여자요 신부이며 아내입니다. 여자는 홀로 거하면 온전치 못합니다. 남자와 결혼이 되어질 때 온전해집니다. 여자를 지은 목적은 남자를 돕기 위함입니다. 결혼하지 않은 여자는 남편을 도울 수 없음 같이 신랑 예수를 만나지 못한 사람은 예수님의 일을 할 수 없습니다. 돕는 배필의 사명을 감당할 수 없는 것과 같습니다.

> 여호와 하나님이 이르시되 사람이 혼자 사는 것이 좋지 아니하니 내가 그를 위하여 돕는 배필을 지으리라 하시니라 창 2:18

이러한 십계명을 예수님은 두 계명으로 압축했는데, 첫째는 하나님과 둘째는 이웃과 관련된 계명입니다. 그러나 계명을 지키되 겉으로만이 아닌 마음과, 목숨과, 뜻과 힘을 다하여 지키라 하십니다.

5. 두 계명을 다시 한 계명으로 압축

> 새 계명을 너희에게 주노니 서로 사랑하라 내가 너희를 사랑한 것 같이 너희도 서로 사랑하라 너희가 서로 사랑하면 이로써 모든 사람이 너희가 내 제자인 줄 알리라 요 13:34-35

우리의 둔함을 아시는 하나님께서 열 계명을 두 계명으로, 그리고 한 계명으로 정리해 주셨습니다. 결국 한 계명이 새 계명인데, "서로 사랑하라"였습니다. 죄인들에게 마음과 목숨과 뜻과 힘을 다하여 사랑하라, 원수까지도 먹이고 사랑하라 하시니, 죄인들은 아무리 노력해도 할 수 없음이 즉시로 탄로납니다. 만일 죄인 된 자가 스스로 "사랑할 수 있다, 십계명 중에 몇 가지는 지킬 수 있다."라고 한다면 착각한 것이거나 외식(外飾)하는 것입니다.

에덴의 범죄 이후 사단의 사주(使嗾)를 받고 사는 인간이 스스로 하나님이라 착각하며 살아가기에 '할 수 없음'을 인정하려 하지 않습니다. 아무것도 온전한 것이 없는 인간 자신이 하나님 됨을 증명하려고 외식하고 자랑하는 교만 속에 빠진 것입니다. 교만은 멸망의 선봉입니다. 강화된 율법을 받고 심령으로 진리의 알맹이를 깨달은 자의 합당한 대답은 "나는 아무것도 할 수 없는 죄인이로소이다."입니다.

6. 하나님만 지키실 수 있는 새 계명

예수께서 그들을 보시며 이르시되 사람으로는 할 수 없으나 하나님으로서는 다 하실 수 있느니라 마 19:26

만일 사람이 하나님께서 내려 주신 십계명을 겉과 속을 다하여 온전히 지킬 수 있다면 그는 완전한 자요, 스스로 하나님일 것입니다. 그 사람에게는 하나님의 구원이나 어떠한 도움도 필요하지 않을 것입니다. 그러나 첫 아담 이래 모든 혈육의 사람들은 모두 죄인입니다.

그러면 어떠하냐 우리는 나으냐 결코 아니라 유대인이나 헬라인이나 다 죄 아래에 있다고 우리가 이미 선언하였느니라 기록된 바 의인은 없나니 하나도 없으며 깨닫는 자도 없고 하나님을 찾는 자도 없고 다 치우쳐 함께 무익하게 되고 선을 행하는 자는 없나니 하나도 없도다 그들의 목구멍은 열린 무덤이요 그 혀로는 속임을 일삼으며 그 입술에는 독사의 독이 있고 그 입에는 저주와 악독이 가득하고 그 발은 피 흘리는 데 빠른지라 파멸과 고생이 그 길에 있어 평강의 길을 알지 못하였고 그들의 눈앞에

하나님을 두려워함이 없느니라 함과 같으니라 롬 3:9-18

하나님께서 십계명을 죄인들에게 주신 것은 "너희는 하나님이 아니야."라는 것을 알게 하시기 위함입니다. 그런데 우주 안에 십계명 곧 새 계명을 지키는 분이 계셨으니 예수 그리스도이십니다. 따라서 하늘 하나님께서는 율법을 온전히 지키는 예수님의 의를 인정하십니다(요 7:18). 그 외 사람들이 자랑하는 의는 인정하지 않기에 '불의'라고 하십니다(히 6:10, 딤후 2:19, 살전 2:10-12, 골 3:25, 고전 6:8-10).

그런즉 우리가 무슨 말을 하리요 하나님께 불의가 있느냐 그럴 수 없느니라 롬 9:14

무릇 우리는 다 부정한 자 같아서 우리의 의는 다 더러운 옷 같으며 우리는 다 잎사귀 같이 시들므로 우리의 죄악이 바람 같이 우리를 몰아가나이다 사 64:6

불의한 자가 할 수 없는 것을 하나님이 하시는데, 곧 예수님께서 첫 사람 안에 있는 모든 혈육의 사람들의 죄, 곧 불의를 싸안고 십자가에서 대신 심판을 받으심으로 끝내셨습니다. 그리고 사람들 앞에 의로우심이 증명되시기 위해 부활로 나오셨습니다. 뿐만 아니라 계속 죄를 생산하는 율법의 법조문을 함께 폐기하셨습니다. 구약의 율법도 말씀이고 육신이 되신 예수님도 말씀이십니다. 율법 안에 오셔서 친히 율법이 되신 주님이 십자가에서 죽으심으로 율법의 말씀이 함께 폐기된 것입니다. 그리고 새 계명이신 사랑으로 사람에게 주어지셨습니다.

예수님께서 완전케 하신 율법을 예수님이 완성하시는 장면입니다. 하나님 앞에 의는 오직 예수님밖에 없습니다.

그 날에 유다가 구원을 받겠고 예루살렘이 안전히 살 것이며 이 성은 여호와는 우리의 의라는 이름을 얻으리라 렘 33:16

구원을 받은 예루살렘 성이 '여호와는 우리의 의'라는 이름을 얻는다고 합니다. 그 성은 오늘 교회이며 새 예루살렘 성을 의미하는데, 주를 순종하여 연합된 교회를 말씀합니다. 여호와의 의 곧 예수님 안에 있는 교회는 당연히 그 이름을 가지게 됩니다.

만일 우리가 순종하여 신랑 예수님과 결혼되어진다면 하나님 앞에 의가 됩니다.

우리가 그 명령하신 대로 이 모든 명령을 우리 하나님 여호와 앞에서 삼가 지키면 그 것이 곧 우리의 의로움이니라 할지니라 신 6:25

7. 하나님은 사랑이시라 - 새 계명은 곧 하나님

하나님이 우리를 사랑하시는 사랑을 우리가 알고 믿었노니 하나님은 사랑이시라 사랑 안에 거하는 자는 하나님 안에 거하고 하나님도 그의 안에 거하시느니라 요일 4:16

말씀을 통하여 십계명이 곧 사랑임을 보고 그 사랑은 하나님이심을 알게 되었습니다. 또한 십계명은 죄인인 사람이 지킬 수 있는 법이 아니고 오직 하나님만이 지켜 완성해 내실 수 있는 법임을 알게 됩니다.

사람이 십계명을 지킬 수가 있을 까요?

표면적으로 그럴 수 있습니다. 여호와의 의이신 그리스도를 믿고 영접한 사람들은 이미 영적으로 결혼이 된 상태입니다. 사람 안에서 예수님께서 행하시는 일이 사랑으로 우리에게 나타나는 것입니다. 이제 누가 온전히 사랑한다면 그는 예수님과 서로 한 몸을 이루어 결혼의 삶을 사는 신부임을 알게 됩니다. 신랑 되신 예수님을 머리로 삼아 순종함으로 나타나는 사랑을 모양으로는 하나님의 형상, 냄새로는 생명의 향기, 그리스도의 향기라 합니다. 내용으로는 그리스도의 편지입니다. 신랑을 돕는 배필의 사명을 잘 감당한 것입니다.

누구든지 그의 말씀을 지키는 자는 하나님의 사랑이 참으로 그 속에서 온전하게 되었나니 이로써 우리가 그의 안에 있는 줄을 아노라 그의 안에 산다고 하는 자는 그가 행하시는 대로 자기도 행할지니라 요일 2:5-6

복음을 정확하게 제시한 이방인의 사도 바울도 계명의 완성을 설명해 주었습니다.

피차 사랑의 빚 외에는 아무에게든지 아무 빚도 지지 말라 남을 사랑하는 자는 율법을 다 이루었느니라 간음하지 말라, 살인하지 말라, 도둑질하지 말라, 탐내지 말라 한 것과 그 외에 다른 계명이 있을지라도 네 이웃을 네 자신과 같이 사랑하라 하신 그 말씀 가운데 다 들었느니라 사랑은 이웃에게 악을 행하지 아니하나니 그러므로 사랑은 율법의 완성이니라 롬 13:8-10

우리가 그리스도 안에서 형제라 부르는 자들은 영적으로 이미 신랑 예수 그리스도와 결혼되었습니다. 이제 영원한 신부인 새 예루살렘 성으로 연합되는 우주적인 결혼을 위하여 준비되어 가고 있는 것입니다. 따라서 사도 요한은 함께 된 형제를 사랑하는 것이 곧 하나님을 사랑하는 것이라 결론지었습니다.

> **누구든지 하나님을 사랑하노라 하고 그 형제를 미워하면 이는 거짓말하는 자니 보는 바 그 형제를 사랑하지 아니하는 자는 보지 못하는 바 하나님을 사랑할 수 없느니라 우리가 이 계명을 주께 받았나니 하나님을 사랑하는 자는 또한 그 형제를 사랑할지니라** 요일 4:20-21

우리 서로 사랑이신 그리스도와 연합되었으니 이제 그를 더욱 순종하여 사랑을 나타냄으로 형제와 아름답게 짜여져서 연합된 신부로 단장되어 가기를 원합니다. 사랑이신 하나님이 성도와 하나 되고 많은 지체와 연합하여 한 성을 이루니 사랑의 도성 곧 어린양의 신부라고 합니다.

> **무엇이든지 구하는 바를 그에게서 받나니 이는 우리가 그의 계명을 지키고 그 앞에서 기뻐하시는 것을 행함이라 그의 계명은 이것이니 곧 그 아들 예수 그리스도의 이름을 믿고 그가 우리에게 주신 계명대로 서로 사랑할 것이니라** 요일 3:22-23

하나님은 사랑이십니다. 하나님이 사랑이시니 그와 연합된 성도도 사랑입니다. 결국 신랑이신 하나님이 신부를 살리셨고 신부와 하나 되어 신랑을 나타내는 삶을 살게 됩니다. 신부는 신랑에 의하여, 신랑을 위하여 살게 되는 부부입니다.

Chapter **8**

성령의 두 방면의
역사로 완성되는
어린양의 신부

하나님의 목적에 걸맞은 신부 단장은 성령의 두 방면의 역
사하심으로 이루어집니다. 내적으로 외적으로 곧 속과 겉으
로 임하시는 성령에 대한 예언, 성취, 기능, 열매에 대한 성
경적 증거를 샅샅이 살펴 확증함으로써 성령의 내적 외적
두 방면의 역사를 위해 성도가 어떻게 해야 하는가를 제시
하였습니다.

성령의 두 방면의 역사로
완성되는 어린양의 신부

하나님께서 창세 전에 아들 안에서 계획하신 것은 아들의 결혼입니다. 이러한 하나님의 목적을 이유로 아들 안에서 창조를 하셨습니다. 하나님의 창조의 목적은 단연 어린 양의 아내인 신부를 만들어 내는 것입니다. 따라서 교회가 하나님의 목적 완성인 새 예루살렘 성에 대하여 아는 것은 집을 짓는 자가 건축의 설계도를 보는 것과 같이 중요합니다. 하나님 아버지는 계획하시고, 아들 예수 그리스도는 세상에 오셔서 하나님의 목적을 이루시고, 성령께서는 보내신 아버지와 아들의 뜻을 적용하여 이루시는 사역을 하십니다. 그러므로 새 예루살렘 성은 성령께서 역사하심으로 완성되는 것이니 성령과 그의 역사로 완성되는 새 예루살렘 성 곧 신부에 대하여 아는 것은 매우 중요한 것입니다. 어쩌면 '성령의 두 방면의 역사'라는 용어 자체가 우리 기독교 안에서 생소하게 들려질 수도 있습니다. 왜냐하면 성령 충만하면 외적인 은사로 많은 일들을 해내는 것에 집중되어 이해되어 왔기 때문입니다. 그러나 성경은 성령은 하나이나 그 역사가 각각 다름을 증거하고 있습니다.

새 예루살렘 성을 건축하시기 위해 성령은 두 방면으로 역사를 하십니다. 먼저 이해되기 좋도록 속에 임하시는 성령은 생명의 생수라 하고, 겉에 부어지는 성령은 권능의 역사 또는 기름 부음의 역사라고 하겠습니다.

속에 내주(內住)하시는 성령은 그리스도의 영으로 생명의 영이시고 새 예루살렘 성의 본질에, 외적으로 부어지는 오순절의 성령의 역사는 새 예루살렘 성의 크기에 기여합니다.

성령의 두 방면의 역사로 새 예루살렘 성이 완성되는 것은 '엘림'이라는 명칭을 통해서도 알 수 있습니다. 이스라엘 백성들이 애굽에서 나와 홍해를 건너 메마른 광야에서 삼 일 길을 걸어갑니다(출 15:22-27). 목이 타는 상황에서 만난 물이 '마라'의 쓴 물입니다. 백성들이 불평하니 모세에게 나무를 던져 넣으면 달아지리라 하신 대로 순종하였더니 단물이 되어 백성들이 마셨습니다. 영적으로 보면 십자가 사건입니다. 생명수가 없는 모든 인생은 죄로 인해 사망의 물을 마시고 있습니다. 먹어도 배고프고 마셔도 목마르며 많은 것을 얻어도 만족은 없고 근심과 고통뿐입니다. 십자가의 능력이 그 물을 달게 합니다. '마라'를 지나 당도한 곳이 '엘림'입니다.

엘림에는 12 샘물과 70 그루의 종려나무가 있었습니다.
구약의 이스라엘 백성들에게 12 지파와 70 인 장로가 있었습니다(출 24:1, 9).
신약의 교회에 12 사도와 70 인 제자로 시작이 됩니다(눅 10:1, 17).

12 샘물은 진리의 생수를 흘려내는 12 지파(구약)와 12 사도(신약)를 의미하고, 70 인 장로(구약)와 70인 제자(신약)는 새 예루살렘 성의 건축 재료를 모아 하나

되게 하는 기름 부음의 사역을 의미합니다. 결국 12 샘물과 70 종려나무의 사역인 성령의 내적, 외적인 사역의 열매로 신부인 새 예루살렘 성이 완성됩니다. 그러므로 새 예루살렘 성은 신구약의 모든 성도들, 주의 생명과 기름 부음을 입은 우주적인 성입니다. 그런데 내적으로 역사하시는 생명 생수의 역사나, 외적으로 역사하시는 기름 부음의 역사나 한 성령이고 그리스도로부터 흘러나옵니다(고전12:4-11).

'엘림'은 '에림'(אֵילִם), '큰 나무, 나무들'이란 의미인데 '힘, 숫양, 우두머리, 지도자, 기둥'이란 의미를 가진 '아일'(אַיִל)이란 명사에서 유래하였습니다.

큰 나무란 뜻의 '엘림'이란 지명이 품고 있는 내용은 힘 있는 숫양이요, 교회의 기둥(딤전 3:15)이시며 지도자(마23:10)이신 예수님이십니다. 엘림의 12 샘물은 생수와 관계 있고, 70 종려나무의 성령의 외적 권능의 역사로 성도를 구원하여 모으니 예수님의 일입니다. 성령의 두 방면의 역사를 알아가는 것은 매우 중요한 대목입니다.

1. 구약 예언 (1) - 안과 밖으로 임하시는 성령

네가 화덕에 구운 것으로 소제의 예물을 드리려거든 고운 가루에 기름을 섞어 만든 무교병이나 기름을 바른 무교전병을 드릴 것이요 철판에 부친 것으로 소제의 예물을 드리려거든 고운 가루에 누룩을 넣지 말고 기름을 섞어 조각으로 나누고 그 위에 기름을 부을지니 이는 소제니라 레 2:4-6

하나님은 신부를 얻으시기 위해 창세 전에 아들 안에서 계획을 하셨습니다. 때가 되매 아버지께서 아들을 세상에 보내셨고, 아들 예수 그리스도는 십자가에서 죽으시고 무덤에서 부활하심으로 완성해 내셨습니다. 승천하신 주님은 보혜사 성령을 보내셔서 하나님의 목적대로 그의 신부인 교회를 만들어 가십니다.

예수님은 십자가를 지시기 전에 교회를 이루실 성령을 보내주시기 위해 제자들에게 예루살렘을 떠나지 말고 기다리라 하셨습니다(행 1:4-5).

볼지어다 내가 내 아버지께서 약속하신 것을 너희에게 보내리니 너희는 위로부터 능력으로 입혀질 때까지 이 성에 머물라 하시니라 눅 24:49

하나님께서 믿는 자들에게 성령을 부어 주심은 당신의 신부인 새 예루살렘 성을 얻으시기 위함입니다. 그 성은 질적인 면과 양적인 면을 모두 완성해야 하는데 성령의 내적인 역사와 외적인 역사를 통하여 이루어집니다. 이러한 사실을 구약 성경에서부터 그림자로 예언해 주셨습니다. 성경에서 기름은 성령을 의미합니다.

레위기 2장의 말씀은 하나님께 소제(素祭)의 예물을 드릴 때의 방법입니다. 소제물을 만들 때 가루에 기름을 섞어 반죽을 하고 그 위에 기름을 바름으로 준비가 됩니다.

소제물이 설명하고 있는 첫째 의미는 제물로 하나님께 드려지는 예수님의 안과 밖이 성령으로 충만한 것을 의미합니다.

둘째 의미는 성도들이 내적으로 생명의 성령을 받아 거듭나고 외적으로 오순절 성령의 기름 부음을 받음을 표상합니다. 이렇게 되어야만 하나님께 드려지는 참 제물이 됩니다.

기름은 성령의 예표	의미	구약	신약
섞어진 기름	우리 속에 계신 성령(생명)	(레 2:4-6)	요 14:16 요 20:23(숨)
위에서 부은 기름	우리 위에 부어진 성령(권능)	(레 2:4-6)	눅 24:49 행 1:4~8

2. 구약 예언 (2) - 안과 밖으로 부어지는 성령

1) 사람 안에 임할 성령에 관한 예언

또 새 영을 너희 속에 두고 새 마음을 너희에게 주되 너희 육신에서 굳은 마음을 제거하고 부드러운 마음을 줄 것이며 또 내 영을 너희 속에 두어 너희로 내 율례를 행하게 하리니 너희가 내 규례를 지켜 행할지라 내가 너희 조상들에게 준 땅에서 너희가 거주하면서 내 백성이 되고 나는 너희 하나님이 되리라 겔 36:26-28

레위기 2장 5절에 나오는 소제 예물 속에 섞어진 기름은 사람 속에 부어질 새 영에 관한 내용입니다. 속에 임한 성령의 기능으로 이루어진 열매가 마음의 열매입니다. 이는 예수님께서 부활하셔서 제자들을 찾아가 숨을 내쉬며 부어 주신 생명의 성령입니다(요 20:23).

2) 성도의 겉에 부어질 성령에 관한 예언

그 후에 내가 내 영을 만민에게 부어 주리니 너희 자녀들이 장래 일을 말할 것이며 너희 늙은이는 꿈을 꾸며 너희 젊은이는 이상을 볼 것이며 그 때에 내가 또 내 영을 남종과 여종에게 부어 줄 것이며 내가 이적을 하늘과 땅에 베풀리니 곧 피와 불과 연기 기둥이라 **욜 2:28-30**

사람이 하나님의 택함을 받아 속에 생명의 성령을 받았다면 겉에도 기름 부음을 받게 됩니다. 속에 생명의 성령을 받는 것은 하나님의 자녀 됨, 곧 자녀로서의 존재와 신분을 얻게 됩니다. 그러나 겉의 기름 부음으로 자녀의 권세를 누리고 신랑이신 그리스도의 사역을 돕는 배필의 사명을 감당하게 합니다. 겉의 기름 부음은 예수님께서 승천하신 10일이 지난 때 오순절 성령 강림의 영입니다(행 2:1-4).

성령의 두 측면		성경 구절	의 미
내적 성령	구약	겔36:26~27	① 예수님 영접함으로 내적 성령을 받게 됨 ② 육체 부활 때 하나님의 자녀 보증 ③ 생명, 숨, 속 사람, 주님과 나와의 관계 있음
	신약	요20:23 (숨) 요14:16	④ 주님의 은밀한 승천과 관계 있음 ⑤ 거룩함, 열 처녀 비유와 관계 있음 ⑥ 새 예루살렘 성의 본질에 영향을 줌 ⑦ 갈 5장의 성령의 내적인 열매와 관계 있음 ⑧ 성막으로는 들어가며 받는 복과 관계 있음 ⑨ 십계명으로는 제1-4계명과 관계됨
외적 성령	구약	욜2:28~32	① 은사와 능력을 사모함으로 외적 성령을 받음 ② 외적 성령으로 무장되어 평생 충성하게 됨 ③ 육체가 부활할 때 왕권과 면류관 받음 ④ 주님의 공개적 승천과 관계 있음
	신약	행1:4~8 눅24:49	⑤ 권능으로 충성하는 달란트 비유와 관계 있음 ⑥ 고전12장의 성령의 외적 은사 9가지와 관계 ⑦ 영적전쟁의 용사로 새 예루살렘 성의 크기와 관계 ⑧ 권능, 바람, 불, 나와 이웃과의 관계 있음 ⑨ 성막에서 나가면서 복 받는 것과 관계 있음 ⑩ 십계명의 제5-10계명과 관계 있음

3. 신약 예언 - 안과 밖으로 임하시는 성령

1) 사람의 마음속에 임하실 것을 예수님께서 직접 예언

내가 아버지께 구하겠으니 그가 또 다른 보혜사를 너희에게 주사 영원토록 너희와
함께 있게 하리니 그는 진리의 영이라 세상은 능히 그를 받지 못하나니 이는 그를 보

지도 못하고 알지도 못함이라 그러나 너희는 그를 아나니 그는 너희와 함께 거하심

이요 또 너희 속에 계시겠음이라 요 14:16-17

신랑이신 예수님께서 생명의 성령으로 직접 사람 안에 들어가 신부와 함께 사시기 위해 죽으시기 전에 예언하신 말씀입니다. 속에 임하시는 생명의 성령은 하나님과 사람이 하나 되는 결혼의 역사입니다.

2) 성도의 육체에 부어질 성령의 신약적 예언

볼지어다 내가 내 아버지께서 약속하신 것을 너희에게 보내리니 너희는 위로부터 능

력으로 입혀질 때까지 이 성에 머물라 하시니라 눅 24:49

예수님께서 부활하시고 제자들에게 생명의 성령을 불어 넣으시니 그들이 하나님의 자녀요, 신부요, 백성이 되었습니다. 예수님은 그들에게 돕는 배필의 사명을 부여하시면서 기름 부어질 것을 직접 예언하셨습니다. 이렇게 부어진 성령의 은사(恩賜)와 기능으로 단체적 한 몸인 새 예루살렘 성을 이루게 될 것입니다.

성령의 두 방면	표현 방식	해당 성구	말씀하신 때
(1) 내적	'너희 속에' (in you)	요 14:16~17	죽으시기 전 말씀 (은밀히)
(2) 외적	'너희 위에' (upon you)	눅 24:46~49	승천하시기 전 말씀 (공개적)

4. 성령 주심의 근거인 예수님의 승천

1) 은밀한 승천 - 사람 안에 생명의 성령을 보내시려고

예수께서 이르시되 나를 붙들지 말라 내가 아직 아버지께로 올라가지 아니하였노라 너는 내 형제들에게 가서 이르되 내가 내 아버지 곧 너희 아버지, 내 하나님 곧 너희 하나님께로 올라간다 하라 하시니 요 20:17

예수님은 안과 밖의 성령을 성도에게 주실 때 항상 아버지께 가셔서 구하여 보내시는 과정을 행하셨습니다. 기독교 교리에는 나타나 있지 않으나 성경은 분명히 말씀하시고 계십니다. 예수님께서 부활하신 새벽에 마리아가 예수님을 만지려 하자 막으셨습니다. 첫 열매이신 그리스도가 아직 하나님께 먼저 드려지지 않으신 것입니다. 구약 성경 레위기 23장에 나오는 첫 열매 규례를 이루시기 위함입니다. 농사를 지어 추수를 하면 첫 곡식 단을 집으로 가져가거나 먹지 못하고 바로 성전으로 가져가 하나님께 첫 열매로 드리게 됩니다. 예수님은 땅에서 죽은 자 중에 첫 열매로 하나님아버지께 먼저 드려져야 합니다. 주님은 사람들에게 은밀히 하셨지만 아버지께 다녀오셔서 제자들에게 성령을 마시게 하셨습니다(요 20:23).

2) 공개적 승천 - 생명 얻은 성도에게 권능의 성령을 부어 주시려고

사도와 함께 모이사 그들에게 분부하여 이르시되 예루살렘을 떠나지 말고 내게서 들은 바 아버지께서 약속하신 것을 기다리라 요한은 물로 세례를 베풀었으나 너희는 몇 날이 못되어 성령으로 세례를 받으리라 하셨느니라 … 중략 … 오직 성령이 너희에게 임하시면 너희가 권능을 받고 예루살렘과 온 유대와 사마리아와 땅 끝까지 이르러 내 증인이 되리라 하시니라 이 말씀을 마치시고 그들이 보는데 올려져 가시니 구름이 그를 가리어 보이지 않게 하더라 올라가실 때에 제자들이 자세히 하늘을 쳐다보고 있는데 흰 옷 입은 두 사람이 그들 곁에 서서 이르되 갈릴리 사람들아 어찌하여 서서 하늘을 쳐다보느냐 너희 가운데서 하늘로 올려지신 이 예수는 하늘로 가심을 본 그대로 오시리라 하였느니라 **행 1:4-11**

예수님께서는 속 생명인 성령을 불어 넣어 주시고 감람산에서 수많은 제자들이 보는 가운데 하늘로 올라가셨습니다. 가시기 전에 제자들에게 약속하신 성령을 기다리라 부탁하셨습니다. 성도에게 은밀한 성령을 주시기 위해 은밀한 승천을 하셨고 공개적인 성령의 권능을 부어주시기 위해 공개적인 승천을 하셨습니다. 예수님의 은밀한 승천과 공개적 승천은 두 측면의 성령을 보내 주시기 위한 과정이었습니다.

승천의 두 측면	해당 성구	해당 성구 말씀하신 때
(1) 은밀한 승천	요 20:1~27	내적 생명의 성령을 주시기 위한 승천
(2) 공개적 승천	행 1:1~11	외적 능력의 성령을 부어주시기 위한 승천

5. 성도 속에 임하시는 성령의 성취와 기능

1) 성취

예수께서 또 이르시되 너희에게 평강이 있을지어다 아버지께서 나를 보내신 것 같이 나도 너희를 보내노라 이 말씀을 하시고 그들을 향하사 숨을 내쉬며 이르시되 성령을 받으라 너희가 누구의 죄든지 사하면 사하여질 것이요 누구의 죄든지 그대로 두면 그대로 있으리라 하시니라 요 20:21-23

예수님은 성경의 예언대로 사람 속에 새 영을 부어 주기 위해 죽으시고 생명 주는 영으로 부활하셨습니다(고전 15:45). 은밀한 승천으로 아버지께 먼저 드려진 예수님은 제자들을 찾아가 숨을 내쉬심으로 그들 속에 새 영을 불어 넣어 주셨습니다.

2) 기능

(1) 거듭나게 함

영접하는 자 곧 그 이름을 믿는 자들에게는 하나님의 자녀가 되는 권세를 주셨으니 이는 혈통으로나 육정으로나 사람의 뜻으로 나지 아니하고 오직 하나님께로부터 난 자들이니라 요 1:12-13

사람이 하나님의 생명을 받는 것은 하나님의 자녀로 거듭남입니다(요 3장). 그리고 사망에서 생명으로, 흑암의 나라에서 빛의 나라로, 지옥 백성에서 하늘 백성으로, 사단의 신부에서 예수님의 신부로, 사단의 백성에서 하나님의 백성으로 존재 자체가 바뀌는 것입니다(요 5:24, 살전 5:5-8). 이로 인하여 의식주(衣食住)가 바뀌는데 예수님의 의를 입고(갈3:27), 생명의 양식을 먹으며, 하나님의 집인 성전에 거하게 됩니다(계 22:14). 그리고 귀신들의 괴롭힘을 떠나 천사들의 수종을 받습니다(엡 2:12-13, 5:8, 롬 5:21). 이전에는 죄와 사망의 법 아래 있었다면 이제는 생명과 성령의 법으로 다스림을 받습니다(롬 8:1-2). 죄와 사망과 저주 아래서 신음하던 삶에서 벗어나 의와 생명과 축복 아래서 감사와 찬송의 삶으로 전환됩니다.

거듭난 자는 소속과 존재의 가치관과 거하는 장소가 완전히 바뀌게 되어 있습니다. 이보다 더한 복은 우주 안에 있을 수 없습니다.

(2) 하나님의 생명의 영으로 사랑하게 하고 거룩하게 함

사랑하는 자들아 우리가 서로 사랑하자 사랑은 하나님께 속한 것이니 사랑하는 자마다 하나님으로부터 나서 하나님을 알고 사랑하지 아니하는 자는 하나님을 알지 못하나니 이는 하나님은 사랑이심이라 요일 4:7-8

이 세상의 사랑은 참사랑에 대한 그림자로서 영원한 사랑이 아닙니다. 사랑이신 하나님이 없는 자들은 그 중심에 참 사랑도, 의도 없습니다. 사랑이신 그리스도를 믿고 거듭날 때 사랑이 있게 됩니다. 사랑이신 하나님과 결혼되어진 성도는 하나님이 사랑이심 같이 그도 사랑입니다. 이 사랑은 겉에 부어지는 성령의 은사가 없어도 마음속에서 일어나는 것입니다. 겉에 부어지는 성령의 은사는 속의 생명을 따라 사랑하는 일을 합니다. 하나님의 목적과 뜻이 모두 이루어지면 겉의 은사는 모두 거두어지나 사랑은 영원히 남게 됩니다.

사랑은 언제까지나 떨어지지 아니하되 예언도 폐하고 방언도 그치고 지식도 폐하리라 고전 13:8

하나님을 사랑하는 자는 그의 형제를 사랑하게 되어 새 예루살렘 성인 신부로 아름답게 건축되어 가고 완성될 것입니다.

(3) 생명의 영으로 거룩하여졌고 더욱 거룩하게 요구함

거룩하게 하시는 이와 거룩하게 함을 입은 자들이 다 한 근원에서 난지라 그러므로 형제라 부르시기를 부끄러워하지 아니하시고 히 2:11

그들을 진리로 거룩하게 하옵소서 아버지의 말씀은 진리니이다 요 17:17

내적으로 임하신 생명의 영, 그리스도의 영의 기능은 존재 자체인 영을 거룩하게 하시고 사람의 혼과 몸이 더욱 거룩하여지도록 요구하십니다. 이것이 생명의 욕구입니다.

기록되었으되 내가 거룩하니 너희도 거룩할지어다 하셨느니라 벧전 1:16

결혼의 측면에서 신랑과 신부가 한 몸을 이루기 위하여 신랑이 거룩하니 신부도 거룩하라고 하십니다. 성도 안에 있는 생명은 더욱 거룩하고 더욱 정결하도록 요구하시고 인도하십니다(벧전 3:15-16, 딤전 4:5, 살전 2:13).

새 예루살렘 성의 건축 재료인 성도를 거룩하게 하여 연합된 한 성, 한 신부로 완성하시는 것이 신부를 향한 신랑의 열심입니다.

(4) 하나님과 사람, 성도와 성도끼리 화평케 하는 기능을 하심

화평하게 하는 자는 복이 있나니 그들이 하나님의 아들이라 일컬음을 받을 것임이
요 마 5:9

하늘 아버지와 땅의 사람을 화평케 하시는 사역을 예수님이 하셨습니다. 이것이 예수님께서 세상에 오신 이유가 되고, 죽으시고 부활하셔서 생명의 영으로 사람 속에 연합되신 목적입니다. 예수님은 그 생명의 영으로 지금도 성도의 속에서 화평의 중보자 사명을 계속 감당하고 계십니다. 따라서 화평케 하시는 주를 순종하여 사람을 전도하여 하나님과 화목하게 하는 사역을 하는 사람들이 하나님의 아들이라 일컬음을 받는 것입니다.

하나님은 무질서의 하나님이 아니시요 오직 화평의 하나님이시니라 모든 성도가 교회에서 함과 같이 고전 14:33

그의 십자가의 피로 화평을 이루사 만물 곧 땅에 있는 것들이나 하늘에 있는 것들이 그로 말미암아 자기와 화목하게 되기를 기뻐하심이라 골 1:20

성도 안을 거처 삼아 사시는 생명의 영 그리스도는 연합된 도성인 신부를 얻으시기 위해 지금도 형제와 형제 사이를 화평케 하십니다. 그리스도의 화평케 하시는 사역이 성도에게 나타나는 것입니다.

그는 우리의 화평이신지라 둘로 하나를 만드사 원수 된 것 곧 중간에 막힌 담을 자기 육체로 허시고 법조문으로 된 계명의 율법을 폐하셨으니 이는 이 둘로 자기 안에서 한 새 사람을 지어 화평하게 하시고 또 십자가로 이 둘을 한 몸으로 하나님과 화목하게 하려 하심이라 원수 된 것을 십자가로 소멸하시고 엡 2:14-16

주님의 목적인 신부 곧 새 예루살렘 성이라는 연합도성을 이루기 위하여 성도는 생명의 성령의 요구를 따라 거룩함과 화평함을 이루어야 합니다.

모든 사람과 더불어 화평함과 거룩함을 따르라 이것이 없이는 아무도 주를 보지 못하리라 히 12:14

화평하게 하는 자들은 화평으로 심어 의의 열매를 거두느니라 약 3:18

(5) 생명의 영이 진리와 장래 일을 알게 하심

그는 진리의 영이라 세상은 능히 그를 받지 못하나니 이는 그를 보지도 못하고 알지도 못함이라 그러나 너희는 그를 아나니 그는 너희와 함께 거하심이요 또 너희 속에 계시겠음이라 요 14:17

성도 속에 계신 생명의 영은 진리의 영이십니다. 진리의 영은 하나님의 말씀을 읽고, 보고, 듣고, 행하게 하십니다. 누구든지 그 영이 없으면 말씀을 사모하거나 깨닫지 못합니다. 만일 당신에게 하나님 말씀을 읽고, 보고, 듣고, 깨닫고 싶어지는 마음의 욕구가 새록새록 일어난다면 그것이 곧 거듭난 증거입니다. 찬송과 기도를 드리고 싶어지고 주의 몸인 교회에 함께하고 싶은 자원함이 일어납니까? 그렇다면 당신은 하나님의 생명의 영으로 거듭난 사람이요 구원 받은 사람입니다.

또한 생명의 영은 하나님의 예언의 말씀을 깨달아 장래 일을 알게 하십니다. 이 것은 성도 속에 기름 부음이 알려주시는 것입니다.

너희는 주께 받은 바 기름 부음이 너희 안에 거하나니 아무도 너희를 가르칠 필요가 없고 오직 그의 기름 부음이 모든 것을 너희에게 가르치며 또 참되고 거짓이 없으니 너희를 가르치신 그대로 주 안에 거하라 요일 2:27

이 외에도 성도 안에서 역사하시는 주의 영은 성도에게 서로 사랑하도록 가르치십니다. 성도 속에서 역사하시는 생명의 요구를 따라 움직이면 주의 신부인 교회의 열매가 풍성해질 뿐 아니라, 긍휼히 여기고 용서하게 하셔서 서로 하나 되게 하십니다.

사랑은 오래 참고 사랑은 온유하며 시기하지 아니하며 사랑은 자랑하지 아니하며 교만하지 아니하며 무례히 행하지 아니하며 자기의 유익을 구하지 아니하며 성내지 아니하며 악한 것을 생각하지 아니하며 불의를 기뻐하지 아니하며 진리와 함께 기뻐하고 모든 것을 참으며 모든 것을 믿으며 모든 것을 바라며 모든 것을 견디느니라 고전 13:4-7

오직 성령의 열매는 사랑과 희락과 화평과 오래 참음과 자비와 양선과 충성과 온유와 절제니 이같은 것을 금지할 법이 없느니라 갈 5:22-23

너희는 주께 받은 바 기름 부음이 너희 안에 거하나니 아무도 너희를 가르칠 필요가 없고 오직 그의 기름 부음이 모든 것을 너희에게 가르치며 또 참되고 거짓이 없으니 너희를 가르치신 그대로 주 안에 거하라 요일 2:27

(6) 그 열매로 자라가게 하심

갓난 아기들 같이 순전하고 신령한 젖을 사모하라 이는 그로 말미암아 너희로 구원에 이르도록 자라게 하려 함이라 벧전 2:2

성도는 이전에 죄와 사망으로 죽었던 경험이 있는 사람들입니다.

그러나 예수님께서 죽으시고 부활하신 이후에 사망에서 생명으로 옮겨졌습니다. 성도가 자라간다는 것은 이미 죽음을 맛보았던 자들의 이야기입니다(히 2:9, 잠 14:32, 요 11:24-26).

우리 살아 있는 자가 항상 예수를 위하여 죽음에 넘겨짐은 예수의 생명이 또한 우리 죽을 육체에 나타나게 하려 함이라 고후 4:11

이미 죽음을 맛본 자들이 사망에서 생명으로 옮겨진 것이며 육체에서 성령으로 율법에서 은혜로 넘어간 것입니다.

이것이 영적인 생명으로 거듭났다 하는 것이며 존재와 본질에서의 변화가 일어난 것입니다(엡 3:18-19). 하나님의 생명으로 거듭난 사람들은 결혼의 측면에서는 어린 여자 아이[女兒]로 다시 태어남과 같습니다. 그리고 주님과의 우주적 결혼을 위해 장성한 분량으로 자라갑니다. 이제는 죽은 자들과 같지 않을 뿐 아니라 영원한 생명을 따라 하나님의 어떠함과 같아집니다(요일 4:17). 하나님이 사랑이시니 그들도 사랑이 되어 그 사랑으로 자라가게 됩니다.

하나님은 사랑이십니다. 이 말씀은 사랑이 곧 하나님이시라는 말씀도 됩니다.

성도의 자람, 곧 신부의 성장은 생명으로 인한 사랑이 사람 안에서 커 간다는 의미입니다. 육신의 생명으로 갓 태어난 아이는 아무런 일들을 해내지 못한다 하여도 그 생명이 사람입니다. 성장하면서 사람다운 사람, 사람의 생명을 온전히 표현하는 단계로 자라갑니다. 하늘 생명의 사람도 같은 원리입니다. 성도가 거듭났다 하여 그 순간에 즉시 온전하여지는 것은 아닙니다.

성도가 자란다는 것은 육에서 영으로 점점 옮겨진다는 의미입니다.
만일 성도가 계속해서 온전히 자란다면 마침내 성령의 열매 곧 사랑의 열매를 맺게 될 것입니다. 신랑이신 그리스도를 사랑하여 형제를 사랑할 마음이 커집니다. 기꺼이 희생해서라도 그 생명들 곧 형제들을 얻기 원합니다.

사랑은 오래 참고 사랑은 온유하며 시기하지 아니하며 사랑은 자랑하지 아니하며 교만하지 아니하며 무례히 행하지 아니하며 자기의 유익을 구하지 아니하며 성내지 아니하며 악한 것을 생각하지 아니하며 불의를 기뻐하지 아니하며 진리와 함께 기뻐하고 모든 것을 참으며 모든 것을 믿으며 모든 것을 바라며 모든 것을 견디느니라 고전 13:4-7

오직 성령의 열매는 사랑과 희락과 화평과 오래 참음과 자비와 양선과 충성과 온유와 절제니 이같은 것을 금지할 법이 없느니라 갈 5:22-23

그러나 거듭났다 할지라도 영적으로 육에 속한 사람이면 그리스도 안에서는 어린 자로서 그에 합당한 열매를 맺게 될 것입니다(고전 3:1-3).

육체의 일은 분명하니 곧 음행과 더러운 것과 호색과 우상 숭배와 주술과 원수 맺는

것과 분쟁과 시기와 분냄과 당 짓는 것과 분열함과 이단과 투기와 술 취함과 방탕함과 또 그와 같은 것들이라 전에 너희에게 경계한 것 같이 경계하노니 이런 일을 하는 자들은 하나님의 나라를 유업으로 받지 못할 것이요 갈 5:19-21

육체의 열매를 많이 맺을수록 어린아이요, 성령의 열매를 많이 맺을수록 장성한 것입니다.

신앙이 어리면 마귀의 유혹에 빠지기 쉽고 장성하면 능히 이깁니다(엡 4:13-16). 성도는 영과 육 사이를 오락가락 하면서 삶과 죽음을 날마다 경험하는 가운데 성장해 갑니다. 육체와 성령의 사이에는 십자가가 존재합니다. 우리가 육체로 전락되어 있을 때 사망의 쓴 맛을 보게 됩니다. 고난 속에서 주의 이름을 부르짖으면 부활의 생명으로 다시 연합합니다.

이때 맛보는 느낌이 생명이요, 은혜이며 사랑입니다(롬 7:23-8:2).

성령 안에서 말씀과 기도로 장성해 가는 것이 곧 사람 안에서 은밀한 천국이 확장되어 가는 것입니다.

생명의 영으로 출발한 성장이 사람의 혼(마음)을 정복하면 생각과 느낌과 결정이 온전하여져서 생명의 열매 곧 성령의 열매가 몸으로 나타나게 됩니다. 이로써 사람들이 장성한 그를 바라볼 때 하나님의 본성의 열매를 보게 되는데 이것을 생명의 빛의 나타남이라 합니다. 이 열매의 나타남이 착한 행실 곧 주님의 열매이므로 하나님 아버지께서 영광을 받으십니다(마 5:13-16).

성도가 이렇게 자라는 것을 성화(聖化)라 하고 신부 단장이라 합니다.

자란만큼 나타나는 순종의 열매인 것입니다(고전 11:3, 엡 1:22, 엡 4:15). 이렇게 잘 자란 성도는 첫 열매이신 그리스도와 하나 되어 땅에서 익은 첫 열매가 되어 그리스도 강림하실 때 먼저 들림 받게 될 것입니다(요일 2:14-17, 고전 14:20, 계 20:4-6).

성도는 자란 만큼 주님의 것들을 누리게 됩니다(요 15:7-11).

이것을 너희에게 이르는 것은 너희로 내 안에서 평안을 누리게 하려 함이라 세상에서 는 너희가 환난을 당하나 담대하라 내가 세상을 이기었노라 요 16:33

내적 생명이 자란 만큼 천국을 누리게 됩니다. 육에 있을 때에는 늘 부족함을 느끼고 만족이 없으며, 죄와 사망 아래서 고통의 연속이라는 지옥 속에 거하는 것 같습니다. 그러나 성도가 영으로 육을 이기면 이긴 만큼 그 전리품(戰利品)으로 은혜의 천국을 누립니다. 물론 복음을 전하다 보면 세상으로부터 오는 핍박과 환난을 겪을 수밖에 없습니다. 그러나 영 안에서 주님의 기쁨을 충만히 누리게 됩니다. 그 누림은 보좌에서 흐르는 생명수 강가에서의 누림이요, 생명나무 열매의 맛이며, 혼인 잔치의 기쁨입니다(계 22:1-3).

지식의 단계를 넘어 사랑의 단계에 이르는 사람들입니다.

능히 모든 성도와 함께 지식에 넘치는 그리스도의 사랑을 알고 엡 3:18

내적으로 장성한 사람들의 열매는 참 지식 안에 거하는 것입니다. 생명이 어릴 때는 지혜가 없으므로 자기의 지식으로 교만에 빠져 듣기보다 가르치기를 좋아합니다. 또한 그 지식으로 자랑할 뿐 아니라 비교와 비난과 경쟁의식 속에서 벗어나지 못합니다. 참 지식 안에 거하는 사람은 모든 지식을 뛰어 넘어 사랑 안에 거하는 사람입니다. 이러한 사람은 사람들과의 관계에서도 비판과 정죄와 판단의 벽을 넘어서게 됩니다. 육에 속하여 율법 안에 거하는 사람은 자기도 온전히 지키지 못하는 법의 잣대로 남을 가르치고 판단하며 자기 우월감에 도취되어 있습니다. 남들이 하는 것은 다 틀렸다고 말하고 서로 다름이 존재할 수 있음을 인정하지 않습니다. 물론 진리 안에서 볼 때 얼마든지 틀릴 수도 있습니다. 그러나 사랑 안에서 어린 자의 미성숙한 열매로 관용하다 보면 세월이 가면서 먹고 마시는 가운데 장성한 자가 되어 진리의 사람이 됩니다. 우리가 사랑 안에서 교제하다 보면 서로의 다름을 인정하지 못해 곤혹(困惑)스러울 때도 많습니다. 형제의 인격이, 성품이, 은사가, 사명이 다를 수 있고 때와 시기가 다를 수도 있습니다. 이것을 인정하는 것은 그를 창조하신 하나님을 인정하는 것입니다. 어린양의 아내인 신부가 정금으로 되고 서로 다른 열두 보석이 연합하여 꾸며지는 하나님의 작품 됨을 생각해 보면 이해가 될 수 있습니다. 서로 다른 지체가 한 생명, 한 사랑, 주의 한 몸으로 잘 짜여진 것이 신부인 도성입니다.

위의 성경 구절에 '넘치는'이라는 말은 헬라어로 '휘펠발로'(ὑπερβάλλω)라는 말로 '초월하다, 표적 너머로 던져지다'란 의미입니다. 십자가 이전은 율법의 단계입니다.

그러나 십자가 너머 곧 죽음을 지나 부활로 던져 넘기어지면 모든 것을 초월하게 됩니다. 비로소 주님의 참 사랑을 알게 되고 생명과 사랑의 일이 무엇인지 알고 행하게 됩니다. 하늘의 신부 자리는 십자가를 통과한 사람만이 얻을 수 있고 참 신랑 예수님의 열매를 맺을 수 있습니다.

사랑하는 사람은 뛰어난 지식이 있다 하더라도 그것이 형제가 넘어지는 데 사용되는 것을 원치 않습니다. 그의 분량을 따라 공급하며 가르칠 때와 기다려 줄

때를 분별합니다. 자기 자랑의 영에 잡혀 있다고 느껴질 때는 침묵할 줄도 알게 됩니다. 이는 자기의 지식을 자랑하고 싶어 하는 마음보다 형제를 사랑하는 마음이 더 크기 때문입니다. 사랑하면 참된 지혜가 생겨납니다. 이러한 사람은 율법 아래 있지 않고 은혜와 사랑 안에 거하는 증거를 가진 자로서 하나님을 기쁘시게 하는 사람입니다. 율법 아래 갇혀 있다가 십자가 너머로 던져져서 은혜와 사랑 안에 거하는 사람입니다. 주 안에 있는 모든 사람들은 모두 은혜와 사랑 속으로 던져 넘겨져야 합니다. 마치 아브람이 아브라함으로, 야곱이 이스라엘로, 시몬이 베드로로, 사울이 바울로 바뀌어 지는 것과 같습니다.

장성한 자들은 부족한 자를 용납합니다(고후 11:1, 엡 4:2, 골 3:12-13, 계 2:2).

예수께서 이르시되 어린 아이들을 용납하고 내게 오는 것을 금하지 말라 천국이 이런 사람의 것이니라 하시고 마 19:14

주 안에서 육에 속한 어린 자는 영적으로 볼 때 하나님의 의가 아닌 자기의 의를 챙기는 단계에 있는 사람입니다. 그들은 비교하고 경쟁하며 어떠한 면에서든지 남보다 우위(優位)를 선점하고 있어야 만족을 느끼는 사람입니다. 이러한 사람들은 자기보다 못하다고 생각되는 사람을 경멸의 대상으로 취급할 수도 있고, 유익이 되지 않는다 생각되는 사람들과는 함께 하는 것을 회피할 수도 있을 것입니다. 그들은 말로나 행실로 남에게 상처를 줄 수 있습니다. 그러나 장성한 사람들은 자기의 '있음'을 가지고 겸손히 섬기며 용납하는 사람입니다. 이는 성령의 열매로서 주와 함께 거하고 있다는 확실한 증거입니다. 자기의 기쁨이 아닌 그의 구원과 회복의 기쁨을 자기의 기쁨으로 삼는 성숙한 열매입니다. 주님은 어린아이가 아닙니다. 따라서 장성한 열매가 맺어지는 것은 주님의 열매입니다.

장성한 자는 외식할 이유가 없습니다.

장성한 자는 주와 함께 영 안에 있기에 교만하거나 자기를 높이지 않습니다. 자기의 모든 일들을 주와 함께 생각하고 움직입니다. 되는 일도, 안 되는 일도, 주와 함께 하니 안 되는 일도 되는 일이 됩니다. 그러므로 모든 삶의 답을 주님께로부터 얻게 됩니다. 불평할 일도, 어떤 사람을 부러워 할 일도 없으므로 하나님께서 행하시는 행정과 경영을 인정합니다. 타인과 비교하여 경쟁하거나 괴로워 할 일도 없습니다. 그러므로 범사에 진실할 수밖에 없고 언제나 행복합니다.

육에 거하는 어린 영의 단계에 있는 사람은 자기보다 더 나은 사람이나 환경을 보면 견디지를 못하고 자유할 수도 없습니다. 그는 자기의 의를 위해 지식이나, 권력이나, 재물이나, 힘이나 그 어떠함들을 어느 누구보다 많이 소유하거나 우월한 위치에 있게 하여 남들에게 내세울 자랑거리를 삼으려 합니다. 그것이 안 될 때 가식과 외식을 통한 헛된 자랑 속에 빠져 버립니다. 참으로 하나 되기 어렵습니다.

장성한 사람들은 이러한 어린 자들을 용납하고 불쌍히 여겨 도와주려고 합니다. 영적으로 자라나기를 인내하며 기도합니다. 장성한 사람은 억지로 하는 것이 아니라 은혜 안에서 '되어짐'의 체험을 하게 됩니다. 용서가 되어 지고, 공급이, 인내가, 긍휼이 실천되어지고 연약한 자들의 분량을 인정하여 주게 되니 주님이 인정하시는 장성한 자입니다.

장성한 자는 교리가 있으나 매이지 않는 단계입니다(고전 3:1-7, 딤후 2:9).

내적인 성령께서 하시는 일은 말씀과 기도 안에서 자라게 하시는 일에 집중되어 있습니다. 어린 자들은 자기가 가지고 있는 지식과 교리에 매몰(埋沒)되어 있습니다. 그들은 자기와 조금이라도 다르다고 생각하면 무자비하게 공격하고 분리시킵니다. 교단(敎團)이라는 이름으로 그렇게 분열된 열매가 되어 갈라집니다. 사도 바울의 표현으로 말하자면 바울 파는 무엇이고 아볼로 파와 그리스도 파는 무엇이냐는 것입니다. 우리 모두 그리스도의 이름으로 세례(침례) 받고 구원 받았으면 주 안에 있는 형제입니다.

사실 자아(自我)라는 우상을 십자가에 못 박고 그리스도의 사랑 안에 있으면 '나와 다름'이라는 것이 아무것도 아닙니다. 내가 분리시킨 그들도 하나님은 사랑하십니다. 우리가 조금 성장하여 주의 사랑을 알고 나면 어설픈 지식으로 판단 정죄하며 분리했던 교만이 부끄러워집니다. 어쩌면 영적으로 성장해가는 단계에서 얼마든지 일어날 수 있는 일일지도 모릅니다. 영적으로 어릴 때는 육적인 것에서 벗어나기 쉽지 않아서 율법과 자기의 의에 충만함으로 인하여 그 이상의 것들이 보이지 않습니다. 마치 사도 바울이 사울이란 이름으로 율법에 충성할 때의 행실과 같아서 수많은 은혜의 성도들을 잡아 죽이는데 앞장섭니다. 그들은 자기의 분량이라는 울타리 안에서 제 눈에 보이는 대로 판단하고 정죄합니다. 그러나 장성한 자는 매이지 않고 주와 함께 사랑의 길을 걸어갑니다.

장성한 자는 모든 것이 알아지는 단계에 이른 사람입니다.

사랑은 언제까지나 떨어지지 아니하되 예언도 폐하고 방언도 그치고 지식도 폐하리라 우리는 부분적으로 알고 부분적으로 예언하니 온전한 것이 올 때에는 부분적으로 하던 것이 폐하리라 내가 어렸을 때에는 말하는 것이 어린 아이와 같고 깨닫는 것이 어린 아이와 같고 생각하는 것이 어린 아이와 같다가 장성한 사람이 되어서는 어린 아이의 일을 버렸노라 우리가 지금은 거울로 보는 것 같이 희미하나 그 때에는 얼굴과 얼굴을 대하여 볼 것이요 지금은 내가 부분적으로 아나 그 때에는 주께서 나를 아신 것 같이 내가 온전히 알리라 그런즉 믿음, 소망, 사랑, 이 세 가지는 항상 있을 것인데 그 중의 제일은 사랑이라 고전 13:8-13

참 지식인 사랑 안에서 진리로 자라가는 성도는 성장할수록 하나님과 그의 행하시는 일들에 대한 지혜와 지식이 처음보다 더욱 분명해집니다. 예를 들면 사단은 창세기에서 계시록까지의 지식을 알고 있습니다. 이성으로 이해할 수 있는 지식은 사람이 그를 능가하기 어렵습니다. 이 말은 성경의 지식만으로 사람들을 얼마든지 미혹하여 속일 수 있다는 의미입니다. 마치 광야에서 40일 동안 굶주리신 예수님을 미혹하고자 할 때 사단이 말씀을 인용하는 것과 같습니다. 은혜 없이도 성경 공부를 하는 것이 가능한 이유입니다.

그러나 사단에게 치명적인 단점이 있으니 그는 성도보다 하나님을 모른다는 것입니다. 그에게 생명이 없고 사랑이 없습니다. 생명은 태어남이기에 거듭나거나 그 생명을 소유하기 전에는 어떤 방법으로도 알 수가 없습니다. 성도는 지식으로 무지할지라도 생명으로 거듭남의 체험이 있어 낳으신 분이 아버지임을 알고 믿습니다.

비유컨대 마치 아직 결혼을 해보지 않은 처녀가 결혼에 관한 많은 지식을 쌓아 나는 결혼에 대하여 다 알았다고 말하는 것과 같습니다. 결혼에 관련된 방대한 지식을 쌓은 것과 결혼을 하고 아기를 낳고 양육하며 결혼 생활 속에서 수많은 애환(哀歡)을 체험하는 것이 어떻게 같을 수가 있겠습니까?

성도는 하나님의 생명으로 거듭나니 그의 기름 부음이 성도를 친히 가르칩니다.

너희는 주께 받은 바 기름 부음이 너희 안에 거하나니 아무도 너희를 가르칠 필요가 없고 오직 그의 기름 부음이 모든 것을 너희에게 가르치며 또 참되고 거짓이 없으니 너희를 가르치신 그대로 주 안에 거하라 요일 2:27

비근한 예가 있습니다.

박사이자 유명 대학의 교수인 어떤 사람이 있습니다. 그는 신학도 하였고 성경을 많이 연구하고 가르칩니다. 그러나 그는 하나님의 말씀을 철학의 한 부분으로 이해하고 여러 종교 중에 하나일 뿐으로 인식하고 가르칩니다. 성경의 지식을 많이 알고 가르치나 생명을 주지 못하고 영생에 이르게 하지도 못합니다. 자기도 제대로 모르는 것을 가르치고 있으니 소경이 소경을 인도하는 것입니다.

그러나 성도는 속에 임하신 성령의 가르치심으로 믿어 알게 됩니다.

첫째는 삼일 하나님에 대하여 알고, 믿음의 장성함을 따라 그의 사역에 대하여 더욱 깊고 넓게 알게 되어 감사와 찬송을 드리게 되는 것입니다. 더 나아가 하나님의 창조물을 보며 하나님의 새 창조를 알게 되고 그림자를 들어 실제를 발견하는 놀라운 사람이 됩니다. 그는 하나님의 진리와 함께 기뻐하는 사람입니다(고전 13:6).

장성한 사람은 말씀이 육신에 나타남이 이루어진 사람입니다.

그리스도의 장성한 분량으로 자란 사람은 그리스도의 빛을 나타내는 삶을 사는 사람입니다. 사람들이 그의 행실과 증거하는 말을 통하여 예수님을 발견하고 만나게 됩니다. 성도에게 그리스도가 나타나는 모양이 하나님의 형상이고(고전 15:49, 갈 4:19, 골 3:9-10), 그를 통해 주의 뜻을 알게 되니 그리스도의 편지입니다(고후 3:1-3). 또한 그를 통하여 나타나는 생명의 향기가 있으니 그리스도의 향기입니다(고후 2:15). 수많은 사람들이 그 형상, 그 향기, 그 편지로 그리스도를 알게 되어 믿고 구원을 받게 될 것입니다. 이는 그를 통하여 그리스도를 보는 것입니다.

이러한 열매로 새 예루살렘 성이 건축됩니다.

성령의 내적인 열매는 내가 얼마나 하나님을 순종하여 주의 본성과 연합되어 성장하였는가에 관한 내용입니다. 그리고 성령의 외적인 역사는 얼마나 성령 충만하여 많은 성도들과 연합하여 새 예루살렘 성으로 건축되었는가에 관한 것입니다.

결국 성령의 내적인 역사는 그리스도의 본성에 합당한 인격을 완성해내시고, 외적인 역사는 참 그리스도의 인격이 형제들과 아름답고 조화롭게 잘 짜여져서 하나 되게 하십니다. 내적인 성령의 충만으로 그리스도의 인격에까지 자라가려면 말씀과 기도와 연단이 얼마나 필요한지 모릅니다.

외적인 성령의 충만을 위해서는 많은 기도로 합력하여 선을 이루는, 게으르지 아니한 충성이 절대적입니다. 모든 그리스도인들은 내적인 천국을 이루기 위하여 내적인 적과 치열한 전투가 있게 되고 내적인 상처도 받게 됩니다. 그런가 하면 외적인 하나님나라의 확장을 위해 외적인 적과 전투가 있게 되고 이로 인해 박해를 받고 순교를 할 수도 있습니다. 그러나 무사안일(無事安逸)을 위하여 아무것도 하지 않는다면 아무것도 얻지 못할 것입니다. 그에겐 마귀와의 싸움에서 패배의 댓가로 처절한 삶의 날들이 기다릴 뿐입니다. 모든 그리스도인들은 이 세상에 보내어진 순간부터 휴전 없는 전쟁터로 내몰린 것입니다. 분명한 것은 성도는 우리 주님으로부터 패배해도 괜찮다는 명령은 받은 적이 없고 오직 이기라는 명령만 하달 받았습니다. 사실 성도의 전쟁은 이미 주께서 이겨놓으신 싸움을 싸우는 것이기에 이미 승리한 싸움을 확인하러 나가는 것입니다.

6. 성도 위에 부어지는 성령의 성취와 기능

1) 성취

성령의 두 방면의 역사의 열매로 주님의 신부인 새 예루살렘 성이 건축되어집니다. 내적인 생명의 역사로 성의 본질적인 회복을 이루고, 외적인 권능의 역사로 성의 규모와 크기의 어떠함을 이루게 됩니다.

내적인 생명으로서의 성령의 열매가 있는 것처럼, 외적인 권능으로서의 성령의 열매가 있습니다.

예수님과 제자들도 우리와 같은 동일한 과정을 거치셨습니다. 다만 예수님이 속 생명의 성령을 받지 않으신 것은 그분은 처음부터 생명이셨기 때문입니다.

태초에 말씀이 계시니라 이 말씀이 하나님과 함께 계셨으니 이 말씀은 곧 하나님이시니라 그가 태초에 하나님과 함께 계셨고 만물이 그로 말미암아 지은 바 되었으니 지은 것이 하나도 그가 없이는 된 것이 없느니라 그 안에 생명이 있었으니 이 생명은 사람들의 빛이라 요 1:1-4

생명을 품은 말씀이 육신이 되셨고, 30세까지 요셉의 아들로서의 사생애를 마치시고 하나님의 아들로 공생애를 시작하시기 위하여 요단강에서 세례(침례)를 받으셨습니다. 물에서 나오시면서 하늘로부터 성령을 부음 받으시고 본격적으로 자기의 신부요, 아내인 교회를 만들어 가십니다.

제자들도 요한복음 20장에서 속 생명의 성령을 받고 난 후 오순절 성령을 부음 받고 공생애의 삶을 살게 됩니다. 이 일은 오늘까지 동일한 원칙에서 적용되고 있습니다.

오순절 날이 이미 이르매 그들이 다같이 한 곳에 모였더니 홀연히 하늘로부터 급하고 강한 바람 같은 소리가 있어 그들이 앉은 온 집에 가득하며 마치 불의 혀처럼 갈라지는 것들이 그들에게 보여 각 사람 위에 하나씩 임하여 있더니 그들이 다 성령의 충만함을 받고 성령이 말하게 하심을 따라 다른 언어들로 말하기를 시작하니라 행 2:1-4

2) 기능

(1) 하나 되게 하심

그가 어떤 사람은 사도로, 어떤 사람은 선지자로, 어떤 사람은 복음 전하는 자로, 어떤 사람은 목사와 교사로 삼으셨으니 이는 성도를 온전하게 하여 봉사의 일을 하게 하며 그리스도의 몸을 세우려 하심이라 엡 4:11-12

오순절 성령의 충만함을 받은 것은 성령의 은사를 선물로 받은 것입니다. 그 은사로 어린양의 아내인 연합된 새 예루살렘 성을 건축하기 위함입니다. 이것이 성령께서 하나 되게 하시는 목적이고 사역이십니다. 따라서 성령의 충만함을 받게 되면 건축 재료를 모으기 위하여 전도하게 되고 전도를 위하여 하나님은 외적인 성령의 기름 부음의 은사를 믿는 자에게 부어주시는 것입니다. 우리가 알듯이 오순절 성령의 강림이후부터 이 땅에 본격적으로 교회가 태동(胎動)하게 됩니다.

(2) 각각의 사명과 재능을 따라 은사로 채우심

은사는 여러 가지나 성령은 같고 직분은 여러 가지나 주는 같으며 또 사역은 여러 가지나 모든 것을 모든 사람 가운데서 이루시는 하나님은 같으니 각 사람에게 성령을 나타내심은 유익하게 하려 하심이라 어떤 사람에게는 성령으로 말미암아 지혜의 말씀을, 어떤 사람에게는 같은 성령을 따라 지식의 말씀을 다른 사람에게는 같은 성령으로 믿음을, 어떤 사람에게는 한 성령으로 병 고치는 은사를, 어떤 사람에게는 능력 행함을, 어떤 사람에게는 예언함을, 어떤 사람에게는 영들 분별함을, 다른 사람에게는 각종 방언 말함을, 어떤 사람에게는 방언들 통역함을 주시나니 이 모든 일은 같은 한 성령이 행하사 그의 뜻대로 각 사람에게 나누어 주시는 것이니라 몸은 하나인데 많은 지체가 있고 몸의 지체가 많으나 한 몸임과 같이 그리스도도 그러하니라 우리가 유대인이나 헬라인이나 종이나 자유인이나 다 한 성령으로 세례를 받아 한 몸이 되었고 또 다 한 성령을 마시게 하셨느니라 고전 12:4-13

우리 몸 안의 폐에는 숨, 공기가 있습니다. 그 공기는 밖에 있는 공기와 동일합니다. 속에 있는 공기나 밖에 있는 공기는 같은 공기입니다. 이와 같이 성도 내면에 임하신 성령과 외면에 부음 받은 성령은 한 성령, 한 하나님이십니다. 속과 겉, 안과 밖으로 역사하셔서 온전한 신부로 단장하시기 위함입니다. 또한 주의 신부인 교회를 거룩하고 정결하게 하시며 하나 되게 하시기 위하여 각각의 직분을 주시고 그에 따른 은사를 사용하게 하셨습니다. 이것은 성도가 속 생명의 요구를 따라 형제를 사랑하는 데 있어 외부적 기름 부음이 이를 권능으로 행하게 하여 완성해 냅니다.

내가 하나님의 열심으로 너희를 위하여 열심을 내노니 내가 너희를 정결한 처녀로 한 남편인 그리스도께 드리려고 중매함이로다 고후 11:2

우리가 외적인 기름 부음의 충만을 받으면 믿음이 더하고, 담대하며, 권능을 충만히 힘입게 됩니다.

성령의 내적인 역사와 외적인 역사를 비교해서 정리해 보겠습니다.

내적인 성령의 성취와 기능

생명의 호흡인 숨으로 받고 신분, 아들, 진리, 거룩, 생명의 내적 온전함으로 새 예루살렘 성의 본질적 속성과 관계가 있습니다.

외적인 성령의 성취와 기능

바람, 불로 임하고 사명, 일꾼, 권능, 충성, 상급 등으로 새 예루살렘 성의 규모와 외적 크기의 어떠함과 관계가 있습니다.

새 예루살렘 성, 이 한 성을 얻으시기 위해 성령께서 안과 밖으로 일하십니다.

모든 성경은 신랑 예수님과 신부인 교회의 혼인을 위한 '새 창조'를 향하여 하나의 맥락으로 귀결(歸結)됩니다.

십계명도 신부를 완성하는 데 관계가 있는 것을 보았습니다(출 20장).

1~4 계명은 하나님과 하나 됨의 계명이고, 5~10 계명은 하나님과 하나 된 자들이 이웃인 형제들과 하나 되는 계명입니다.

1~4 계명은 새 예루살렘 성의 본질적인 측면과 관계가 있고, 5~10 계명은 새

예루살렘 성의 규모와 크기 곧 형제들과 결합하여 우주적인 주의 몸을 이루는 것과 관계가 있습니다.

완성되면 십계명은 더 이상 나누어지지 않고 오직 사랑이요 머리와 몸이 결혼된 한 몸을 이루게 됨으로 하나입니다. 하나님도 사랑, 우리도 사랑입니다.

다시 말씀드리자면 열 계명이 두 계명, 두 계명이 한 계명, 한 계명은 새 계명으로서 '사랑'입니다. 사랑은 하나님이시니 열 계명으로 펼쳐져 있던 계명이 하나로 압축되는 공식입니다. 둘이 하나가 되었다는 것은 그리스도와 교회가 머리와 몸으로 하나를 이루었다는 것입니다. 따라서 하나님 앞에는 우주적으로 온전하게 통일된 그리스도만 있는 것입니다(엡 1:10). 이것이 어린양의 아내인 새 예루살렘 성의 완성입니다.

하나님도 한 분이시니 곧 만유의 아버지시라 만유 위에 계시고 만유를 통일하시고 만유 가운데 계시도다 엡 4:6

성막은 하나님의 집에 대한 그림입니다(출 25장). 땅에 있는 사람들에게 최고의 축복은 그들이 죄에서 구원받아 하나님의 집이 되는 것입니다(벧전 2:2-5). 성막을 들어가며 복을 받고 나가며 복을 받는 원리로 보아도 역시 신부 이야기입니다.

성막에 들어가면서 복을 받는 것은 신랑과 하나 되기 위함의 복입니다.

십계명의 1~4 계명과 같습니다. 성막 앞에 당도하면 맨 앞에 문이 있습니다(요 10:7). 구원의 문이신 예수님과 만나고 뜰에 들어가서 번제단을 보게 됩니다. 나의 죄를 위해 불태워지는 제물 되신 그리스도를 누립니다(요일 2:2, 4:10, 롬 3:25).

그리고 조금 더 앞으로 가면 물두멍이 있는데 나를 정결하게 하기 위해 씻어주시는 예수를 누림입니다(계 7:14-17). 죄인 된 옛 사람을 처리하는 세례(침례)통이기도 합니다.

다음은 더욱 완전한 곳으로 가기 위하여 성소에 들어갑니다. 좌측을 보니 금등대가 있는데 세상에 빛으로 오신 그리스도를 누립니다(요 9:5). 우측을 보니 떡상이 있는데 나의 생명을 자라게 하시기 위한 생명의 떡이신 그리스도를 누립니다(요 6장). 앞을 보니 분향단이 있는데 신부인 내가 온전한 신부가 되도록 늘 중보 기도해 주시는 그리스도를 누립니다(요일 2:1, 눅 22:32).

이제 가장 심오한 곳 지성소의 영광스런 곳에 들어갑니다. 하늘의 보좌 세계를 표상하는 곳, 신랑 신부가 영원히 함께 할 신방(新房)입니다. 신랑의 위엄인 시은좌의 영광에 취하고 신랑의 본질인 법궤를 보며 신랑의 사랑을 흠뻑 누립니다.

그 누림은 법궤 안의 내용물에 있습니다. 싹 난 지팡이를 보며 생명의 주님을 누리고, 항아리 속에 감추인 만나를 체험하고 누리니 만족합니다. 그리고 십계명(사랑)의 돌 판을 보니 신랑 되신 주님이 나를 안으시고 "사랑한다, 아주 많이 사랑 한다." 하시니 이보다 더 큰 행복은 없습니다. 여기까지가 들어가며 복을 받는 내용입니다. 지성소에서 온전한 합방을 하여 결혼이 완성됩니다(아가서, 계 21-22장).

이제 나가며 복을 누릴 차례입니다.

너무 황홀하고 행복해서 신랑과 함께만 누리고 싶지만 결혼하였으니 이제 신랑을 돕는 배필의 사명이 주어졌습니다. 신랑 집(하나님 가정) 가문의 대를 이을 아이도 출산(전도)해야 하고 그를 양육하며 가문의 영광을 위한 수고가 필요합니다. 신랑 예수님이 말씀합니다. "복의 동산에서 누리고 있으면 좋으련만 사랑하는 신부야 네가 어디를 가든 나는 함께 한다."

괴론 세상 할 일이 많기에 나를 가라 명하십니다.(찬송 442 저장미 꽃 위에 이슬)

신부는 제자이며 주를 따르는 모든 자입니다.

지성소 신방에서 주님과 안식을 누린 신부는 나가며 복을 받습니다. 지성소에서 나오면 분향단이 있는데 주께서 나를 위해 중보하였듯이 형제를 위해 중보 기도하라는 것입니다(히 13:18-19). 좌측을 보니 떡 상이 있는데 내가 너에게 떡을 떼어 준 것과 같이 네 이웃, 형제에게 생명의 떡을 나누어주라는 것입니다(요 6장). 우측을 보니 금등대가 있는데 주께서 네게 빛이 되어 아버지 집에 오게 한 것과 같이 네가 이웃인 형제에게 빛이 되어주라는 말씀입니다(마 5:14). 성소를 나가니 앞에 물두멍이 있는데 내가 너를 용서하고 씻어줌같이 너도 이웃, 형제를 용서하고 죄를 씻어주라는 말씀입니다.

누가 누구에게 불만이 있거든 서로 용납하여 피차 용서하되 주께서 너희를 용서하신 것 같이 너희도 그리하고 골 3:13

다시 앞을 보니 번제단이 있습니다. 내가 너를 위해 죽어 준 것 같이 너도 형제를 위해 죽는 것이 마땅하다고 하십니다.

그가 우리를 위하여 목숨을 버리셨으니 우리가 이로써 사랑을 알고 우리도 형제들을 위하여 목숨을 버리는 것이 마땅하니라 요일 3:16

다시 앞을 보니 문이 있는데 내가 너의 구원의 문이 되어준 것과 같이 너도 이웃 형제들에게 구원의 문이 되어 달라 하시는 것입니다.

이와 같이 들어가며 주와 연합되고 나가며 형제와 연합되는 것이 신부의 신앙 생활입니다. 이렇게 드나들면서 자고 깨는 사이에 주의 신부로 단장됩니다.

내가 문이니 누구든지 나로 말미암아 들어가면 구원을 받고 또는 들어가며 나오며 꼴을 얻으리라 요 10:9

마태복음 25장에 세 가지 비유가 나옵니다. 열 처녀 비유, 달란트 비유, 양 염소 비유입니다. 열 처녀 비유는 신부의 자격에 관한 것이고, 달란트 비유는 돕는 배필로서의 충성과 사명 감당에 관한 것이며, 양 염소 비유는 최종 결산에 관한 비유입니다.

십계명 중 1~4 계명은 성막에 들어가며 복을 받는 것으로서 열 처녀 비유와 연

성취의 두 방면		기능적 두 방면	
성령의 내적 역사	성령의 외적 역사	성령의 내적 역사	성령의 외적 역사
숨(호흡) 부활 후 이룸 생명을 위한 성령 (요 20:21~23) 생수의 강이 흐름 마심으로 소유	바람/불 승천 후 이룸 능력을 위한 성령 (행 2:1~4) 권능이 나타남 위로부터 부어짐	생명(요 10장) 진리의 영, 생명의 영 하나님의 아들로 개인적으로 거룩하게 함 열 처녀 비유 (속 단장) 신부와 관계됨	권능(행 1:8) 권세와 능력의 영 하나님의 사역자로 공인으로 살게 함 달란트 비유 (은사자로) 왕권과 관계됨

결됩니다. 5~10 계명은 성막에서 나가며 복을 받는 것으로서 달란트 비유와 연결됩니다.

결론적으로 모두 하나님의 최종 목적인 주님의 신부 새 예루살렘 성이 만들어지는 것으로 귀결됩니다.

7. 성령의 내적, 외적 열매와 결과

1) 성령의 내적 열매 아홉 가지

오직 성령의 열매는 사랑과 희락과 화평과 오래 참음과 자비와 양선과 충성과 온유와 절제니 이같은 것을 금지할 법이 없느니라 갈 5:22-23

내적인 생명의 성령의 열매는 대표적으로 아홉 가지입니다. 모두 속에서 일어나서 밖으로 표현되어지는 열매들입니다. 이는 주님의 속성과 본질이며, 신부인 교회가 신랑이신 그리스도로부터 선물로 받아 누리는 것입니다. 신랑이신 주님의 본질이 신부인 교회의 본질이 되어 새 예루살렘 성의 본질과 속성이 되는 것입니다.

오늘 어린양 예수님의 신부는 오직 신랑을 사랑하여 순종할 때 이러한 아홉 가지 열매들이 풍성하게 맺힘을 체험하게 될 것입니다.

사람들이 보기에 큰 능력이 없고 외부로 나타나는 큰 은사가 없어도 오직 그리스도를 사랑하여 말씀을 읽고 듣습니다. 홀로 골방의 기도를 통하여 그리스도를 충분히 연애하는 누림입니다. 주 안에서 점점 자라가고 어린아이를 지나 청년의 신앙으로 자라갑니다. 미혹을 이겨내며 겸손히 주를 섬깁니다. 신부로 단장하기 위하여 주님께서 안배하신 환경을 감사함으로 헤쳐 나갑니다. 연단을 인내하며 자신이 주인 되었던 우상을 십자가에 못 박고 신랑 되신 예수님만 머리로 두게 됩니다. 이제 어린양이 어디로 인도하든지 따라가는 영적 성숙 단계로 자라갑니다(계 14:1-5).

그의 영광의 풍성함을 따라 그의 성령으로 말미암아 너희 속사람을 능력으로 강건하게 하시오며 믿음으로 말미암아 그리스도께서 너희 마음에 계시게 하시옵고 너희가 사랑 가운데서 뿌리가 박히고 터가 굳어져서 능히 모든 성도와 함께 지식에 넘치는 그리스도의 사랑을 알고 그 너비와 길이와 높이와 깊이가 어떠함을 깨달아 하나님의 모든 충만하신 것으로 너희에게 충만하게 하시기를 구하노라 엡 3:16-19

신랑과 한 몸 되는 결혼을 이루기 위하여 그리스도의 충만한 데까지 자라가게 됩니다.

우리가 다 하나님의 아들을 믿는 것과 아는 일에 하나가 되어 온전한 사람을 이루어 그리스도의 장성한 분량이 충만한 데까지 이르리니 이는 우리가 이제부터 어린 아이가 되지 아니하여 사람의 속임수와 간사한 유혹에 빠져 온갖 교훈의 풍조에 밀려 요동하지 않게 하려 함이라 오직 사랑 안에서 참된 것을 하여 범사에 그에게까지 자랄지라 그는 머리니 곧 그리스도라 그에게서 온 몸이 각 마디를 통하여 도움을 받음으로 연결되고 결합되어 각 지체의 분량대로 역사하여 그 몸을 자라게 하며 사랑 안에서 스스로 세우느니라 엡 4:13-16

범사에 그에게까지 자란다는 것은 주님을 온전히 순종하여 따름으로 한 몸같이 움직인다는 의미입니다. 신랑 되신 주님의 어떠함이 신부의 어떠함이 되어 세상에 드러내어지는 신령한 영적 단계입니다. 비로소 온전함을 이룬 것이고 그리스도의 장성한 분량에 이르게 된 것입니다. 영적으로는 강한 사내아이가 된 신앙의 단계입니다. 이는 남자인 그리스도가 여자인 교회에게 나타나니 사내아이 신앙 상태를 의미합니다(계 12:1-5).

이렇게 내적으로 바르게 성장한 성도는 주의 몸으로 연합을 이루는 데 문제가 없습니다. 왜냐하면 그리스도의 섬김이 그의 섬김이 되기 때문입니다. 형제를 사랑하고 겸손히 낮아져서 인내하고 섬기니 주님의 사랑을 받기 원하는 사람들은 모두 그를 따르고 존경하게 됩니다. 이런 사람들은 참 은혜를 받아 공동체 안에서도 교만하지 아니하고 자기의 유익을 구하지도 아니하고 무례히 굴지도 않습니다(잠 13:10, 14:3, 16:15). 그리고 성령 안에서 주의 이상을 따르며 겸손히 하나님의 행정 질서를 존중합니다. 신랑이신 주의 은혜를 입은 사람입니다.

누가 은혜를 받을까요? 누가 우주의 왕 되신 주님께 은혜를 입을까요? 겸손한 자입니다(잠 3:34, 29:23).

사람의 마음의 교만은 멸망의 선봉이요 겸손은 존귀의 길잡이니라 잠 18:12

그러나 더욱 큰 은혜를 주시나니 그러므로 일렀으되 하나님이 교만한 자를 물리치시고 겸손한 자에게 은혜를 주신다 하였느니라 약 4:6

누가 주 앞에 겸손한 사람일까요?

첫째, 주 앞에서 나는 아무것도 아는 것이 없는 무지한 자라 인정하고 말씀을 읽고, 듣고, 보고 깊고도 오묘한 진리 말씀의 속 알맹이 의미를 날마다 묵상하는 사람입니다. 너무나 무지하여 자기의 앞길의 지혜를 오직 하나님께 구하는 자가 겸손한 자입니다.

둘째, 주 앞에 나는 아무것도 할 수 없는 무력한 자임을 자인하고 전능하신 하나님을 믿고 의지하여 기도하는 사람입니다. 사람으로서 할 수 없는 일들을 하나님은 무엇이든지 하시는 분이심을 인정하고 성령의 충만을 구하는 사람이 겸손한 사람입니다.

셋째, 세상 만물과 사람들을 멸시하지 않고 하나님께서 원하시는 목적을 따라 창조되었음을 인정함으로 형제를 멸시하지도, 환경을 불평하지도 않는 사람입니다. 자신의 힘과 지혜와 지식이 없음을 알고 하나님을 의지하여 함께 하는 사람, 그가 겸손한 사람입니다.

넷째, 교회에서 사랑을 나타내는 사람입니다. 공동체 안에서 자기를 주장하기보다 질서를 따라 사랑으로 섬기는 사람입니다. 질서에 순종하고 형제에 대하여 오래 참고, 무례하지 않으며, 시기나 질투하지 않고 가식하지 않으며, 다투지 않고, 용서하고, 연약한 자를 돕는 사람이 겸손한 사람입니다. 주 안에서 참 은혜를 받아 겸손한 사람은 하나님의 행정 질서를 존중합니다. 이러한 사람들이 모인 곳에는 다툼이 없고 질서가 있으며 사랑의 섬김이 가득합니다. 사단이 틈탈 공간이 없습니다.

다섯째, 가정에서나 교회에서나 형제들과 진리를 나누는 교제가 되어지는 사람입니다. 교만한 사람은 자기를 나타내는 데 주력하고 자기의 주장과 독선이 강하게 드러나는 사람입니다. 이러한 사람은 어디에서도 존경을 받을 수 없을 뿐 아니라 함께 교제가 이루어지지 않습니다. 그러나 겸손한 사람은 위로는 하나님과의 교제 곧 사귐이 있게 되고, 아래로는 형제자매와의 교제가 원활하게 됩니다. 남을 나보다 낫게 여기면 상대방의 말이나 일들을 무시하지 않게 되고 인내하며 경청함과 존중함, 인정함, 배려함이 묻어납니다.

교만한 사람은 다른 사람의 말을 들어줄 인내가 없고 도리어 자기의 말과 자랑으로 상대방의 말을 가로챕니다. 자신을 드러내고 가르치기만 좋아합니다. 겸손한 사람은 진리만 나눔이 아니라 생활도 함께 나누어 모든 좋은 것을 함께 함으로 함께 기쁨을 누릴 줄 압니다. 신기하게도 사랑과 겸손과 인내와 용서와 섬김은 전 세계 어떤 나라와 어떤 종족이라도 통하게 되고 평화를 갈구(渴求)한다는 사실입니다. 하나님 앞에 겸손하고, 사람 앞에 겸손하면 그는 하나님의 아들이라 일컬음을 받게 될 것입니다(마 5: 9).

하나님은 이러한 사람들에게 은혜를 베푸시는데 이러한 겸손은 아무나 할 수 없고 주님과 연합되어진 사람만 할 수 있습니다. 은혜 있는 자가 겸손하고 겸손한 자가 은혜 받은 자입니다. 그 겸손은 머리이신 그리스도를 높이 받들고 몸으로서 아래에 위치하여 순종하는 자입니다. 높이 들린 하나님의 보좌에서 은혜의 강물이 낮은 땅으로 흘러내리는 원리입니다. 은혜 받기를 원하시나요? 겸손히 낮은 곳에 있으면 힘쓰지 않아도 은혜를 넘치게 받을 것입니다.

2) 성령의 외적 열매 아홉 가지

어떤 사람에게는 성령으로 말미암아 지혜의 말씀을, 어떤 사람에게는 같은 성령을 따라 지식의 말씀을, 다른 사람에게는 같은 성령으로 믿음을, 어떤 사람에게는 한 성령으로 병 고치는 은사를, 어떤 사람에게는 능력 행함을, 어떤 사람에게는 예언함을, 어떤 사람에게는 영들 분별함을, 다른 사람에게는 각종 방언 말함을, 어떤 사람에게는 방언들 통역함을 주시나니 이 모든 일은 같은 한 성령이 행하사 그의 뜻대로 각 사람에게 나누어 주시는 것이니라 몸은 하나인데 많은 지체가 있고 몸의 지체가 많으나 한 몸임과 같이 그리스도도 그러하니라 고전 12:8-12

성도가 외적인 성령의 충만함을 받으면 아홉 가지 은사 중 최소한 한 가지 이상의 것이 나타남을 알게 될 것입니다. 이 은사로 인하여 이웃을 사랑하게 되고 많은 사람을 전도하여 성령의 하나 되게 하시는 일을 힘써 행하게 됩니다. 속에 있는 사랑을 외적인 은사를 통하여 더욱 전달되게 됩니다. 예수께서도 세상에 계실 때 자신의 성전이요, 몸인 신부를 얻기 위하여 밤낮 기도하시며 전도하셨습니다.

이르시되 우리가 다른 가까운 마을들로 가자 거기서도 전도하리니 내가 이를 위하여 왔노라 하시고 막 1:38

그리고 제자들을 양육하셨습니다. 땅의 사역을 마치시고 제자들에게 그 일을 맡기시고 승천하셨습니다. 그러나 영으로는 제자들과 늘 함께 하시고 오늘 모든 성도들과 함께 하셔서 교회를 든든히 세워 가십니다.

예수께서 나아와 말씀하여 이르시되 하늘과 땅의 모든 권세를 내게 주셨으니 그러므로 너희는 가서 모든 민족을 제자로 삼아 아버지와 아들과 성령의 이름으로 세례를 베풀고 내가 너희에게 분부한 모든 것을 가르쳐 지키게 하라 볼지어다 내가 세상 끝 날까지 너희와 항상 함께 있으리라 하시니라 마 28:18-20

주님의 목적은 새 예루살렘 성, 곧 주님의 거룩하고 사랑스런 신부를 얻는 것입니다. 주님의 여자인 교회는 신랑을 돕는 배필로서 신랑의 일을 도와야 합니다. 내적으로 생명의 영을 받아 개인적인 결혼이 이루어졌다면, 우주적인 단체 신부를 건축해 가는데 마땅히 해야 하는 일을 사명이라 합니다. 사랑으로 낳고 사랑으로 양육하는 일이 아내의 일입니다. 따라서 은사는 자기를 자랑하라고 교만 꺼리를 주신 것이 아니라 주의 몸을 하나 되게 하는 데 사용하라고 주신 것입니다. 내적으로 성숙하지 못하여 육에서 벗어나지 못한 사람들이 외적인 성령의 은사를 사용하게 될 때 하나님의 영광을 도적질하는 결과를 초래할 수 있습니다. 자기의 자랑과 영광을 챙기는 데 온 힘을 쏟아 붓습니다. 그리고 자기의 왕국을 만들어 갑니다. 이러한 사람은 하나님의 목적을 이해하지 못하고 성경이 무엇을 말씀하는지도 모르고 성령의 인도하심을 무시합니다. 이 사람들은 금, 은, 보석으로 신령한 집을 건축하는 것이 아니라 나무나 풀이나 짚으로 건축함으로 종국에는 모두 심판 받을 사람들입니다(고전 3:10-15).

주의 신부는 돕는 배필로서 신랑을 바로 알기 위하여 성경을 반드시 알아야하고(요이 1:8-9) 주의 힘으로 단장하기 위하여 기도해야 합니다. 은사를 더욱 충만히 받기 위하여 함께 모여 오순절 마가 다락방에서처럼 간절히 깨어 기도해야 합니다. 내적인 충만을 위하여 골방 기도가 필요했다면 외적인 은사를 충만히 받기 위하여 합심하여 기도할 필요가 있습니다. 체험을 통하여 함께 모여 간절히 기도할 때 더욱 성령을 충만히 받게 됨을 알 수 있습니다(행 2:1-4, 2:37-42).

내적으로 성령 충만하여 주님의 심장을 가지고, 외적으로 성령 충만하여 전도하고 양육하여 연합 도성을 이루면 이것이 신부 완성입니다. 이것이 창세전에 하나님께서 계획하신 목적이고 행하시는 사역입니다.

하나님은 신부인 이 한 성을 얻으시려고 창세 전부터 계획하셨고 창조 사역을 진행하셨습니다. 그리고 아들을 보내사 사망을 맛보게 하셨으며 부활하게 하셨습니다. 승천하신 주님은 성령을 보내셔서 자기의 사랑하시는 종들과 함께 한 성을 완성하십니다. 이 한 성이 완성되는 날, 신랑이 오셔서 모든 부정한 것을 불태우실 것이고 우주적인 거룩한 신부를 취하실 것입니다. 신부는 그의 몸이요, 나라이며 백성일 뿐 아니라 그의 하늘 가정입니다. 오늘 우리는 하나님의 목적의 완성을 향하여 주의 손에서 단장되고 있기에 거룩한 산 소망이 있습니다. 하나님의 모든 말씀과 기도로 거룩함을 입고 충성으로 사명을 감당하여 주의 신부로 완성되어 갑니다.

내적 열매	거룩한 생명과 관계됨	갈 5:22	아홉 가지 열매, 심령적인 속의 것이며 금지할 수 없음
외적 열매	능력적 은사와 관계됨	고전 12:7	아홉 가지 열매, 유익케 하지만 금지할 수 있음

3) 하나님을 부를 때의 명칭들

내적 열매	아버지라 부를 때	나는 자녀가 되고
외적으로	주님이라 부를 때	나는 종이 되며
공통적으로	하나님이라 부를 때	나는 백성이 된다.

4) 열매가 진행되는 두 방면

내적 으로	예수 영접	예수님의 성품을 받음	일생 동안 성화되어	육체 부활 후에는	그 상급으로 거룩한 신부의 영광에 참여하게 됨
외적 으로	은사 영접 (받아들임)	재능과 달란트 신령한 은사를 받음	순간적으로 받아 평생 충성하게 되어	육체 부활 후에는	그 상급으로 왕권의 영광에 참여하게 됨

5) 성령의 두 방면의 적용 기간

내적으로는	영원하다	요 14:16~18, 롬 8:31~39
외적으로는	거둘 때가 있다	고전 13:8~10, 살후 2:7~8

Chapter **9**

완성된 신부,
새 예루살렘 성과
누림

1. 신부는 단장 중
아직은 미완성

교회와 새 예루살렘 성이라는 명칭에 대하여 제대로 이해하게 되면 교회는 새 예루살렘 성이라는 완성된 목적을 향하여 단장되어지고 있음을 알게 됩니다. 사랑의 하나님께서는 오늘도 그 완성을 위해 쉬지 않으시고 일하신다는 것을 알면 신부 단장에 더 많은 관심이 기울여질 것입니다.

완성된 신부,
새 예루살렘 성과 누림

1. 신부는 단장 중 - 아직은 미완성

하나님은 창세전에 계획하신 목적을 이루시기 위하여 쉬지 않으시고 역사하셨습니다. 그리고 현재도 역사하고 계시고 머지않은 장래에 완성해 내실 것입니다. 현재는 교회라는 이름으로 하나님의 계획이 진행 되어가고 있습니다.

'교회'는 헬라어로 '에클레시아'($\epsilon\kappa\kappa\lambda\eta\sigma\iota\alpha$)인데 '불러냄, 회중, 구별됨'이라는 뜻으로 '에크'($\epsilon\kappa$), '~부터, ~에게서'라는 전치사와 '칼레오'($\kappa\alpha\lambda\epsilon\omega$), '크게 부르다, 이름을 부르다'란 동사의 합성어입니다. 원어적 의미대로 풀이하면 교회는 '하나님께서 세상 중에서 불러내어 구별해 놓은 회중(會衆)'이란 뜻입니다.

교회는 아직 미완성의 상태입니다. 결혼의 측면에서는 신부 단장 중이고, 건축의 측면에서는 아직 준공(竣工)이 떨어지지 않은 상태입니다. 농사의 측면에서는 양육과 추수 중에 있습니다.

교회는 성령의 인도로 아직 마귀가 있는 광야에서 연단 중에 있습니다. 밤과 낮이 교차하는 가운데 애굽 곧 세상을, 불의를, 죄 덩어리인 자기의 자아를 끊어내는 과정 중에 있는 것입니다. 교회가 이렇게 아픔을 겪으며 단장되는 것은 온전한 신부인 새 예루살렘 성 곧 정금 도성으로 온전히 단장되기 위함입니다.

그러나 내가 가는 길을 그가 아시나니 그가 나를 단련하신 후에는 내가 순금 같이 되어 나오리라 욥 23:10

너희 믿음의 확실함은 불로 연단하여도 없어질 금보다 더 귀하여 예수 그리스도께서 나타나실 때에 칭찬과 영광과 존귀를 얻게 할 것이니라 벧전 1:7

너희도 성령 안에서 하나님이 거하실 처소가 되기 위하여 그리스도 예수 안에서 함께 지어져 가느니라 엡 2:22

구약 시대의 성막이나 성전 구조를 보면 뜰과 성소와 지성소로 나누어져 있습니다. 뜰에서 번제단과 물두멍을 보게 되는데 번제단은 십자가에서의 죽음, 곧 죄 된 의가 불태워짐이고 물두멍은 세례(침례)로 끝냄입니다.

이렇게 영의 구원을 받은 성도가 뜰의 넓은 문보다 좁은 성소의 문으로 들어가 금 등대의 빛 가운데서 떡 상의 양식을 취하고, 분향단의 기도를 통하여 혼(마음)의 구원에 이르게 됩니다.

다음 단계로 하늘의 가장 완전한 곳, 보좌 세계의 상징인 지성소에 들어가게 됩니다. 장, 광, 고 즉 길이와 너비와 높이가 같은 가장 완전하고 가장 높고 심오한 곳입니다. 이 지성소가 새 예루살렘 성의 완성된 모습의 표상입니다.

성도의 양식인 떡도 세 방면으로 이해할 수 있습니다.

이스라엘 백성들이 성막을 중심으로 광야를 지날 때 광야에 내려주신 구원의 떡이 있습니다. 그리고 성소 안에는 자기 백성들에게 안식일마다 진설되는 성소의 떡이 있는데 구원 받은 자를 양육하시는 떡이라 할 수 있습니다. 지성소에 들어가면 시은좌 밑 법궤 안에 더 깊이 항아리 속에 숨겨져 있는 감추인 만나가 있는데 그것은 주님을 체험하는 누림의 떡이라 할 수 있습니다.

이와 같이 오늘 교회에서도 뱀(사단)이 있는 광야에서 구원의 떡을 먹은 자들이 교회에 들어와 매 주일마다 진설된 말씀 곧 양육의 떡을 먹고 자라갑니다. 그 안에서 준 자와 받은 자만 아는 감추인 만나 곧 예수님을 양식으로 먹고 누리는 놀라운 체험을 맛봅니다. 그 누림의 은밀함은 가까운 사람도 짐작만 할 수 있을 뿐 지극히 비밀스럽습니다. 오늘 성도는 아직 세상에서 더욱 구별될 일이 있기에 '교회'라 합니다.

신약 성경에 신랑이신 예수님께서 세상에 오신 기록인 사복음서에서 시작하여 계시록까지의 완성의 단계를 기록하였습니다(요 3:29).

사복음서에서부터 신랑이신 예수께서 천국의 씨앗으로 심겨지시더니 사도행전에서 싹, 서신서에서 자람, 서신서 끝인 요한 서신에 이르러서는 심겨진 씨앗의 열매로 사랑이 나타났습니다. 그 사랑은 심겨졌던 예수님이십니다. 유다서를 지나 계시록 2장과 3장에 일곱 교회가 나오는데 아직 단장 중인 주님의 신부입니다. 일곱 교회의 내용은 역사 속에서 단장해온 신부가 어떠한 상태인지 마지막 추수 전에 최종 점검하시는 말씀들입니다. 그 후로는 계시록 22장 16절에 교회에게 마지막 부탁하시는 말씀 외에는 교회라는 단어가 등장하지 않습니다. 오직 하늘에서 내려오는 새 예루살렘 성 곧 어린양의 아내요, 신부라고만 기록되어 있습니다.

교회는 땅에서의 시작이라면, 새 예루살렘 성은 하늘에 완성되어 땅과 상관이 없는 상태를 말씀합니다.

또 내가 새 하늘과 새 땅을 보니 처음 하늘과 처음 땅이 없어졌고 바다도 다시 있지 않더라 또 내가 보매 거룩한 성 새 예루살렘이 하나님께로부터 하늘에서 내려오니 그 준비한 것이 신부가 남편을 위하여 단장한 것 같더라 계 21:1-2

계시록 2장과 3장에 연이어 나온 일곱 교회에 대하여 말씀의 기준을 따라 성령께서 진단하셔서 칭찬과 책망과 경고와 권면하신 내용들은 교회가 아직 미완성 상태임을 보여주시는 것입니다. 성령께서 귀 있는 자들에게 말씀하심을 듣고 회개하여 온전하게 단장하면 계시록 21장의 새 예루살렘 성으로 완성된다는 것입니다.

그 성을 금 갈대로 척량(尺量)하는데 금 갈대는 곧 말씀이요 머리이신 그리스도 자신입니다. 신랑과 신부는 한 몸이기에 머리의 어떠함과 같이 몸도 그러해야 합니다. 머리가 말씀이면 몸도 말씀, 머리가 거룩하면 몸도 거룩, 머리가 사랑이면 몸도 사랑이어야 합니다. 신랑 되신 그리스도가 강림하시기 전에 단장이 완성되어야 합니다.

평강의 하나님이 친히 너희를 온전히 거룩하게 하시고 또 너희의 온 영과 혼과 몸이 우리 주 예수 그리스도께서 강림하실 때에 흠 없게 보전되기를 원하노라 살전 5:23

요한 계시록 21장의 신부 새 예루살렘 성은 창세전에 하나님께서 목적을 따라 설계하신 하나님의 설계도입니다. 따라서 건축자들인 교회는 설계의 변경 권한은 없고 하나님의 설계(식양, 뜻)대로 성령의 감독 아래 순종하여 건축할 의무만 가집니다. 우주적 건축인 일곱 교회에게 감독자이신 성령께서 건축의 준공 시점을 얼마쯤 앞두고 사랑으로 최종 진단해 주십니다. 그래서 일곱 교회의 끝부분에는 항상 "성령이 교회들에게 하시는 말씀을 들을찌어다"라고 하십니다.
이제 어린양의 혼인 기약이 임박했습니다. 이미 구별되어 영으로 신랑과 하나 된 신부는 이 세대에 대하여 신랑 오심을 선포해야 합니다.

우리가 즐거워하고 크게 기뻐하며 그에게 영광을 돌리세 어린 양의 혼인 기약이 이르렀고 그의 아내가 자신을 준비하였으므로 그에게 빛나고 깨끗한 세마포 옷을 입도록 허락하셨으니 이 세마포 옷은 성도들의 옳은 행실이로다 하더라 천사가 내게 말하기를 기록하라 어린 양의 혼인 잔치에 청함을 받은 자들은 복이 있도다 하고 또 내게 말하되 이것은 하나님의 참되신 말씀이라 하기로 내가 그 발 앞에 엎드려 경배하려 하니 그가 나에게 말하기를 나는 너와 및 예수의 증언을 받은 네 형제들과 같이 된 종이니 삼가 그리하지 말고 오직 하나님께 경배하라 예수의 증언은 예언의 영이라 하더라 계 19:7-10

성령과 신부가 말씀하시기를 오라 하시는도다 듣는 자도 오라 할 것이요 목마른 자도

올 것이요 또 원하는 자는 값없이 생명수를 받으라 하시더라 계 22:17

Chapter 10

유대인
결혼 관습으로 본
신부 단장

유대인들의 전통 결혼 관습을 살펴보면 마치 어린양 예수 님과의 결혼 모습을 생생하게 보고 있는 듯한 느낌이 듭니 다. 유대인들의 전통 결혼 관습을 순서대로 알아보는 것은 교회와 그리스도의 결혼에 대한 확신을 더해 줄 것입니다.

Chapter 10
유대인 결혼 관습으로 본
신부 단장

하나님의 주례로 첫 사람 아담과 하와의 결혼을 시작으로 인류는 지금까지 남
녀가 사랑하여 한 몸을 이루는 결혼을 합니다. 땅에서의 잠깐 동안의 결혼은 영
원한 결혼인 그리스도와 교회의 관계를 설명하는 그림자입니다.

전 세계에 수많은 나라, 종족이 있어 결혼의 문화가 다르고 세월이 흐르면서 결
혼 예식의 방법도 바뀌어 갑니다.

그러나 유일하게 유대인의 결혼은 시대가 변하여도 변하지 않는 결혼의 풍습
을 전통으로 유지(維持) 전승(傳承)해 오고 있습니다. 유대인들의 결혼 문화를
중심으로 그리스도와 교회의 결혼을 대략 설명해 보려합니다.

유대인들이 모세오경 외에 중요하게 생각하는 '탈무드'에 결혼을 하지 않은
사람에게는 행복도 축복도 평화도 없다는 말이 있습니다. 그들에게 결혼은 사

정에 의해 늦어지기는 하여도 독신 유대인 젊은이는 거의 찾아볼 수 없다고 합니다. 최근에는 간혹 있다고 하나 '토라'(율법)를 지키는 정통 유대인 중에는 없다고 합니다.

1. 유대인들의 결혼은 대략 13세부터 18세 사이

전통 유대인들은 대부분 일찍 결혼을 하는데 13~18세 사이에 남녀가 서로 사랑하면 결혼을 합니다. 예비 신랑과 신부는 결혼하기 위하여 신부의 부모에게 허락을 받고 축복을 받아야 합니다.

2. 결혼 허락과 정혼 위해 신부의 집으로 감

예비 신랑은 신부와 정혼(定婚)하기 위해 자기를 좋게 변호할 친족 중 한사람을 대동하여 예비 신부의 집으로 갑니다. 이때 준비해 가는 것은 세 가지인데 '포도주'와 지참금으로 '돈'(금, 은)과 '정혼 계약서'입니다. 신부 집에 도착한 신랑은 먼저 신부 집에 온 목적과 자기의 신분(지파, 가문 등)을 신부의 아버지 앞에서 정확하게 밝힙니다.

3. 신부의 아버지가 딸에게 하는 세 가지 질문

예비 신랑에게 모든 것을 들은 신부의 아버지는 딸을 불러 질문합니다.

첫째, 신랑에 대하여 얼마나 알고 있는지,

둘째, 신랑을 얼마나 사랑하고 있는지,

셋째, 신랑에 대하여 얼마나 헌신할 수 있는지의 여부입니다.

질문을 마친 신부의 아버지는 신부에게 '이 결혼을 허락해 주기를 원하는가?'를 묻고 응하면 결혼을 승낙하게 됩니다.

4. 신부의 값을 흥정

결혼이 승낙되면 신랑은 빠지고 함께 동행한 친족이 신랑의 대리인으로 나서서 신부의 값을 흥정합니다. 물론 노예상에게 팔리는 듯한 몸값이 아니라, 신랑이 얼마나 신부를 사랑 하느냐는 의미의 값입니다. 이 흥정은 값이 정해져 있지 않고 양가의 삶의 형편을 따라 결정됩니다. 흥정이 끝나면 신부의 아버지는 일가친척을 모두 소집하여 정혼식을 하게 됩니다.

5. 정혼 계약서와 포도주 한 잔

예비 신랑은 준비해 온 서약서를 낭독하고 모든 내용을 들은 신부는 결혼을 승낙합니다. 신랑은 약속의 증표로 포도주 한 잔을 신부에게 주고 신부는 반잔을 마시고 몇 방울은 계약서에 떨어뜨립니다. 나머지 반잔은 신부가 신랑에게 주어 마시게 하고 신랑은 준비해 온 지참금을 신부의 아버지에게 전달합니다. 이후에 뿔 나팔이 불어지고 신부의 아버지가 두 손을 하늘을 향해 들어 올리고 신랑과 신부를 축복합니다. 이렇게 정혼식이 끝나면 법적으로 부부가 됩니다. 그러나 육체적 관계는 가질 수 없습니다. 이때부터 신랑은 집으로 돌아가기 전에 신부에게 '지금부터 1년, 또는 2년 후 어느 날 저녁에 나는 당신을 데리러 돌아 올 것입니다. 준비하고 기다리세요'라고 합니다. 그리고 집으로 돌아가 신부를 데려와 함께 살 수 있는 처소를 예비합니다.

6. 약속 기간 동안 신부가 준비해야 하는 것

예비 신랑이 떠난 뒤 신부는 그때부터 자신의 지난 생활들을 정리하고 신랑 집에 적응하는 준비를 합니다. 신랑 외에 다른 남자를 만나 교제하면 안 되고 부정하게 지내도 안 됩니다. 오직 신랑을 기다리며 정절을 지켜야 합니다.

7. 신부를 데리러 가는 신랑

약속한 기일이 되면 신랑은 신부를 데리러 갑니다. 그러나 그 날은 신랑도 모르는 채, 신랑의 아버지가 얼마나 신부를 맞을 준비가 되었는가를 보고 갑자기 결정합니다. 결정이 떨어지는 순간 신랑은 크게 기뻐하며 신랑의 친구들과 함께 횃불을 들고 갑니다. 신랑의 일행은 바로 신부의 집으로 들어가지 않고 동네 어귀에 잠시 멈추게 됩니다. 이때 이미 신부의 친구들이 등불을 들고 이제 오나 저제 오나 기다리고 있습니다. 기름이 떨어질까 기름통을 가지고 다녔다고 합니다. 신랑이 오면 신부에게 속히 알려 주려는 것입니다. 이때 기다리던 동네 아주머니들이 소리칩니다. '보라! 신랑이 오고 있다' 신부가 혹시 모르고 있는지, 잠자고 있는지, 단장은 되었는지 염려되어서입니다. 만일에 신랑이 오는 것도 모르고 단장도 되어 있지 않았다면 세상에서 가장 황당한 시간이 될 것입니다. 신부의 친구들은 신부의 단장을 돕고 함께 마중을 나가 신랑의 행렬과 함께 신부의 집으로 가서 간단한 의식을 마친 뒤 결혼식을 위해 신랑의 집으로 갑니다.

8. 신랑 신부는 결혼식 전날부터 금식

예비 신랑과 신부는 결혼식 전날부터 물만 먹고 금식을 합니다. 금식을 통하여 지난날들의 더러움이나 부정한 것을 회개하고 자숙(自肅)하며 결혼을 통해 거룩한 새 삶을 살겠다는 의미입니다.

9. 결혼식의 시간과 장소

신랑 집에 도착하면 많은 하객(賀客)들이 모여 있으나 하객에게 신부를 보여주지 않고 신방으로 안내됩니다. 신랑은 신부에게 사랑을 고백하고 중요한 정표를 신부의 손에 쥐어 줍니다. 그리고 두 번째 결혼 서약서를 신부에게 주게 됩니다. 서약서의 내용은 신랑이 신부와 함께 할 미래에 대한 구체적인 내용들입니다. 결혼식 장소는 가정집이나 앞마당, 또는 랍비의 서재에서 하게 됩니다. 그러나 요즘엔 예루살렘 곳곳에 생긴 연회장에서 하기도 한답니다.

결혼식 시간은 신랑 신부의 금식이 끝난 다음날 밤인 저녁 8시, 또는 9시 이후에 치러집니다.

10. 결혼

밤부터 시작된 결혼식은 새벽까지 이어지는데 악기를 연주하고 노래와 춤을 추게 됩니다. 결혼식에 오는 하객들은 각각의 축의금을 가지고 오는데 원화로 하면 대략 5~10만원 정도라 합니다.

결혼식장 안에는 신부가 새하얀 드레스를 입고 먼저 입장하여 맨 앞에 예쁘게 장식된 의자에 앉아 하객들을 맞이합니다. 이때 신부의 친구들이 신부가 앉아 있는 의자를 돌며 노래하고 춤을 추면서 신랑이 나오기를 기다립니다. 약 20분 정도 있으면 하객들의 환호소리와 박수로 신랑을 맞이합니다.

유대인 신랑은 검은 바지에 흰색 남방을 입고 신부에게 와서 신부의 얼굴을 가린 면사포를 들어 올리고 손을 잡아 자리를 옮길 준비를 합니다.

신랑 신부가 옮겨지는 장소는 예식장의 중앙에 있는 '후파'입니다. 후파는 네 개의 기둥으로 된 천막인데 지붕만 있고 사면이 모두 트여 있습니다. 신랑은 결혼 전에 후파의 네 기둥을 붙잡아 줄것을 자기 친구들에게 부탁을 합니다.

신랑 신부가 후파로 옮겨지는 것은 신랑 신부 각각의 부모들에 의하여 이루어집니다. 유대인들의 전통적인 결혼식은 랍비(율법 선생)를 모시고 후파에서 진행하였습니다.

일생에 한 번 치르는 결혼식을 후파에서 행하는 이유가 있는데,

첫째, 많은 어린이들이 참석하는 것이 축복된 결혼이라 믿어 아이들이 많은 시장터나 야외에서 진행하였다고 합니다.

둘째, 결혼식장에 수많은 인파가 있어 신랑 신부가 있는 곳을 표시하기 위함이었습니다.

셋째, 하얀 색의 후파는 침상을 의미하는데 침상 밑에서 랍비를 모시고 행해진 결혼을 오래 기억하라는 뜻이 있습니다.

신랑 신부가 후파 아래로 옮기고 모든 축하객들이 손에 포도주 잔을 들면 랍비가 대표로 기도합니다. 다음은 신랑이 신부의 오른 집게손가락에 아무 장식도 되지 않은 '슐라못'이라는 반지를 끼워줍니다. '슐라못'이란 의미는 '온전하다' 란 의미입니다. 그 반지는 금, 은, 동 어느 것이라도 물건의 값보다 의미를 표시할 정도의 반지이면 됩니다. 신랑이 신부에게 반지를 끼워줌으로 하나가 되었다는 것을 의미하는 것입니다.

그리고 신랑은 '케투바'(ketubah)라고 하는 결혼서약서를 크게 '당신은 모세와 이스라엘의 율법에 따라 이 반지를 취하였으니 이것으로 인해 나의 아내가 되었노라'라고 읽습니다. '케투바'는 일종의 결혼 계약서인데 남편이 신부에게 평생토록 사랑하며 지켜줄 것에 대한 약속이 적혀 있습니다. 뿐만 아니라 신랑이 약속을 어길 시 얼마의 돈을 지불해야 되는 액수와 신랑이 신부에게 준 예물 목록까지 적혀 있습니다. 그리고 신랑 신부의 서명도 하게 됩니다. '케투바'는 유대인의 각 가정에 아름답게 장식하여 가지고 있습니다.

결혼 서약서를 읽은 신랑이 포도주 잔을 땅에 던지고 신발로 짓밟아 부수어 버리면 하객들은 박수와 환호로 함께 합니다. 이유는 한 번 깨진 포도주잔이 절대로 복구될 수 없듯이 한번 맺어진 결혼은 다시 무효가 될 수 없다는 의미라 합니다.

포도주 잔을 깨고 나면 신랑과 신부의 친구들이 신랑 신부의 주변을 노래하며 일곱 바퀴를 돌게 되는데, 그 이유는 이스라엘이 여리고 성을 일곱 바퀴 돌아 점령한 것과 같이 이제부터 신랑은 신부의 처녀성을 점령하라는 의미라고 합니다. 예식이 모두 끝나면 신랑은 신부를 데리고 신방으로 가고 한 몸 이룸의 의식을 치루고 신랑이 나와서 밖에 기다리던 친구들에게 알리면 이때부터 본격적인 피로연이 시작되는데 음악과 노래와 춤을 추며 새벽 동틀 때까지 즐기는 것으로 일생의 결혼 생활이 시작됩니다.

Chapter 11

유대인 결혼 풍습으로 본
그리스도와 교회의 결혼

✧

1. 신랑은 신부를 알고 있음(요 17:3)

2. 신랑이 아버지를 떠남

3. 결혼 계약과 함께 포도주를 마심으로 언약 체결(요 2:1-12)

4. 신부의 아버지에게 가지고 간 지참금을 지불함

5. 결혼 계약이 완성되면 오직 한 신랑만을 위해 구별됨

6. 신랑이 돌아가기 전 신부에게 선물을 줌(눅 24:49, 행 1:4-5)

7. 신랑은 아버지께로 돌아감(요 17:11-13, 20:17, 요 13:1)

8. 신랑과 신부는 결혼까지 준비기간이 있음(마 25:1-46)

9. 기간이 차면 약속대로 신부를 데리러 신랑이 옴(히 9:28)

10. 신랑이 올 때 신랑의 친구들이 함께 옴

11. 신부 동네에 도착하면 신랑 들러리들이 뿔 나팔 불어 알림

12. 신랑이 올 때 "보라 신랑이로다"라고 외침

13. 신부의 친구들이 기름통과 등불을 들고 기다리고 있음

14. 신랑 신부의 일행이 아버지 집에 도착하면 많은 축하객이 모여 있음

15. 신랑 집으로 간 신부는 공개되지 않고 7일간 숨겨짐(시 121:7)

16. 결혼식 전 신랑 신부의 금식

17. 결혼식은 반드시 후파에서 진행함

18. 신랑은 신부의 얼굴에 베일을 덮어줌(고전 11:1-16)

19. 신랑과 신부가 후파에 도착하면 일곱 바퀴를 돎(수 6장)

20. 신랑이 신부에게 반지를 끼워줌(창 41:42)

21. 신랑은 결혼 증서를 읽고 서명하여 신부에게 줌

22. 결혼식이 끝나면 다시 되돌릴 수 없음

유대인들의 결혼 풍습을 통하여 성경에 묘사된 예수님의 다시 오심을 더욱 확신하게 됩니다. 또한 교회가 신부로 얼마나 단장하고 준비되어 있는가를 분별하게 됩니다. 그리고 그 결혼 풍습을 통하여 그리스도와 교회의 결혼이 얼마나 달콤하고 완벽한 것인가를 알 수 있습니다.

Chapter 11
유대인 결혼 풍습으로 본
그리스도와 교회의 결혼

전 세계 수많은 나라의 결혼 풍습이 있지만 세월이 지나면서 그 문화가 다양하게 바뀌어 갑니다. 그러나 율법을 고수하는 전통 유대인들의 결혼풍습은 예나 지금이나 크게 달라지는 것이 없이 이어져 왔습니다. 이는 우주 안에 실제 결혼인 그리스도와 교회의 결혼을 보여 주시려고 하나님께서 특별히 지키시고 유전(遺傳)하시는 것 같습니다.

유대인들의 결혼은 약혼과 결혼으로 이루어지는데, 약혼은 그리스도의 초림과 관계가 있고 결혼은 재림과 깊은 관계가 있습니다.

'약혼'은 '아라쓰'(ארש), '약혼하다, 정혼하다'란 의미입니다. 철자의 뜻을 보면 '알렢'(א) '하나님', '레쉬'(ר) '머리, 신랑, 남편, 주', '신'(ש) '아랫니'란 의미입니다. 연결하면 '머리 곧 신랑이신 하나님이 부수어지셔서 양식이 되어 신부에게 줌으로 하나되겠다'는 의미가 됩니다.

'결혼'은 '바알'(בָּעַל), '결혼하다, 주인이 되다, 소유하다'이고, '혼인'은 '하툰나'(חֲתֻנָּה), '결혼, 혼례'인데 하탄'(חָתַן)', '넘겨주다'에서 유래하였습니다.

초림으로 오신 그리스도가 십자가에서 죽으시고 부활하셔서 신부인 성도의 속에 오셨습니다. 그러므로 개인적으로는 영적인 혼인, 곧 서로 안에 거하여 하나 됨으로 결혼 되어졌습니다. 그러나 우주적인 단체 결혼은 준비 중입니다. 재림 때가 되어 완성이 될 것입니다. 그러므로 단체적 신부인 새 예루살렘 성으로 완성되는 측면에서 볼 때 초림 예수님은 성도와 정혼하신 것입니다.

결혼의 뜻이 설명해주듯이 신랑이신 그리스도가 자기의 몸인 성도를 취하심으로 소유하여 주인이 되셨습니다. 그리고 우주적 결혼을 위해 정절을 지키며 신부로 거룩하게 단장하도록 부탁하시고 아버지께로 가셨습니다. 후에 다시 오리라 서약하시고 가신 것입니다. 주께서 창세 전에 예정하신 교회가 온전히 준비되면 그 때 재림하셔서 우주적 몸을 소유하실 것입니다.

'서약'은 '에싸르'(אֵסָר), '금욕의 의무, 맹세, 구속' 라는 의미인데 '아싸르'(אָסַר), '멍에, 동여매다, 보존하다, 띠를 매다'란 의미에서 유래하였습니다.

따라서 신부인 교회는 신랑이신 그리스도로부터 멍에가 메어지고 진리의 한 띠로 매어져 구속(拘束)이 되었습니다. 이제 신랑 예수님이 약속대로 오시기까지 정절을 지키며 신부로 잘 단장하고 기다려야 합니다.

그리스도와 교회는 우주적 결혼 관계입니다(엡 5:22-33, 마 22:1-13, 마 25:1-13, 눅 12:335-40, 요 2:1-25, 계 21장).

우리는 그 몸의 지체임이라 그러므로 사람이 부모를 떠나 그의 아내와 합하여 그 둘이 한 육체가 될지니 이 비밀이 크도다 나는 그리스도와 교회에 대하여 말하노라 그러나 너희도 각각 자기의 아내 사랑하기를 자신 같이 하고 아내도 자기 남편을 존경하라 엡 5:30-33

또 내가 새 하늘과 새 땅을 보니 처음 하늘과 처음 땅이 없어졌고 바다도 다시 있지 않더라 또 내가 보매 거룩한 성 새 예루살렘이 하나님께로부터 하늘에서 내려오니 그 준비한 것이 신부가 남편을 위하여 단장한 것 같더라 계 21:1-2

유대인들의 결혼을 들어 그리스도와 교회의 결혼을 설명하여 보겠습니다. 다만 영적으로 이미 성도 안에 이루어진 소우주적인 은밀한 결혼에 대하여서는 언급을 삼가고, 대우주적인 결혼을 중심으로 설명하고자 합니다.

1. 신랑은 신부를 알고 있음(요 17:3)

나는 선한 목자라 나는 내 양을 알고 양도 나를 아는 것이 아버지께서 나를 아시고 내가 아버지를 아는 것 같으니 나는 양을 위하여 목숨을 버리노라 요 10:14-15

유대인의 결혼에 신랑과 신부가 양가의 결혼 승낙을 얻기전에 서로 알고 있습니다. 이와 같이 주님의 신부는 창세전에 주 안에서 계획이 되어 있습니다(엡 1:3-7,11-14).

곧 창세 전에 그리스도 안에서 우리를 택하사 우리로 사랑 안에서 그 앞에 거룩하고 이것을 '택함과 예정'이라 합니다. 하나님은 창세 전에 당신의 신부 될 자들을 그리스도 안에서 택하시고 때가 되매 그들을 부르셨습니다. 하나님 안에서 택함을 받은 자들의 이름을 각각 불러 내셔서 신랑 예수님을 알고 믿도록 허락하십니다(요 10:3, 마 13:11-16).

2. 신랑이 아버지를 떠남

이러므로 남자가 부모를 떠나 그의 아내와 합하여 둘이 한 몸을 이룰지로다 창 2:24

유대인 신랑이 아버지 집을 떠나 신부를 얻기 위해 신부의 집을 찾아 가는 것과 같이 예수님께서도 자기의 신부를 얻으시기 위해 아버지 집을 떠나 이 땅에 오셨습니다(요 12:47, 요 10:10, 16:28). 주님은 자기의 한 성 곧 신부를 얻기 위해 전도 하셨습니다(막 1:38). 그 전도는 신부가 완성되는 재림 때까지 계속되는데, 승천 하시면서 제자들에게 위임하셨습니다(마 28:18-20). 신부가 완비되면 신랑이 우주적 한 몸을 이루시기 위해 다시 오실 것입니다.

3. 결혼 계약과 함께 포도주를 마심으로 언약 체결(요 2:1-12)

또 잔을 가지사 감사 기도 하시고 그들에게 주시며 이르시되 너희가 다 이것을 마시라 이것은 죄 사함을 얻게 하려고 많은 사람을 위하여 흘리는 바 나의 피 곧 언약의 피

니라 그러나 너희에게 이르노니 내가 포도나무에서 난 것을 이제부터 내 아버지의 나라에서 새것으로 너희와 함께 마시는 날까지 마시지 아니하리라 하시니라 마 26:27-29

유대인 신랑이 결혼 계약인 정혼식을 하고 포도주를 함께 마심같이 예수님께서도 죽으시기 전 유월절 전날 밤에 사랑하는 신부(교회) 제자들과 함께 포도주를 마셨습니다. 유대인 신랑이 결혼 계약서와 포도주를 준비하여 신부의 집에 간 것과 같이 예수님께서도 자기의 피를 몸 안에 가지고 오셨으며 그 피는 십자가에서 나누어졌습니다. 진리는 결혼 계약서와 같고 그 피는 그 언약이 체결되는 언약의 증표입니다(막 14:24, 히 9:20, 10:29, 13:20).

4. 신부의 아버지에게 가지고 간 지참금을 지불함

그들이 새 노래를 불러 이르되 두루마리를 가지시고 그 인봉을 떼기에 합당하시도다 일찍이 죽임을 당하사 각 족속과 방언과 백성과 나라 가운데에서 사람들을 피로 사서 하나님께 드리시고 계 5:9

유대인 신랑이 결혼 지참금을 신부의 아버지께 드림으로 신랑이 신부와 결혼하는 것을 허락 받았듯이 신랑 되신 예수님께서도 신부를 얻으시려고 유월절 어린양으로 죽으셨습니다. 그 피 값으로 신부인 성도를 사서 하나님께 드린 것입니다. 신부의 아버지는 사실 하나님 아버지입니다. 신부는 처음부터 아버지가 먹여 키우시며(요 6:45) 아버지가 아들에게로 이끌어 주셨습니다(요 6:44, 37, 65).

세상 중에서 내게 주신 사람들에게 내가 아버지의 이름을 나타내었나이다 그들은

아버지의 것이었는데 내게 주셨으며 그들은 아버지의 말씀을 지키었나이다 요 17:6

아버지여 내게 주신 자도 나 있는 곳에 나와 함께 있어 아버지께서 창세전부터 나를 사랑하시므로 내게 주신 나의 영광을 그들로 보게 하시기를 원하옵나이다 요 17:24

그 피는 마귀가 받는 것도 아니고 이 세상의 어느 누구에게 지불하는 것이 아닙니다. 죄도 하나님께 지은 것이고 율법도 하나님의 법이며 죄를 지은 사람에게 피 곧 죽음을 요구한 것도 하나님이십니다. 따라서 예수님은 마귀의 요구를 따라 죽으신 것이 아니라 하나님의 법인 율법의 요구를 따라 하나님을 만족하게 하신 것입니다.

율법을 따라 거의 모든 물건이 피로써 정결하게 되나니 피 흘림이 없은즉 사함이 없느니라 히 9:22

이러한 일로 구약 시대에 성막에서는 짐승의 피를 지성소 시은좌의 네 뿔에 부어 정결케 하였던 것입니다. 또한 아브라함이 아들 이삭을 결혼시키기 위하여 리브가를 데리러 갈 때도 아브라함의 종 엘리에셀이 많은 예물을 가지고 갑니다(창 24:10, 53). 야곱도 자기의 신부, 두 아내를 얻기 위해 14년을 외삼촌 집에 봉사하였습니다. 교회의 신랑이신 그리스도도 이 세상에 오셔서 공생애 삼년 반을 봉사하셨고, 신약 시대만 해도 성도들 속에서 약 2,000년 동안을 봉사하시고 계십니다(행 20:28). 이제 신부인 교회에 대하여 신랑이 소유권을 주장할 수 있으며 값으로 주고 산 것이 되었습니다(고전 6:19-20 7:23).

5. 결혼 계약이 완성되면 오직 한 신랑만을 위해 구별됨

아내들이여 자기 남편에게 복종하기를 주께 하듯 하라 이는 남편이 아내의 머리됨이 그리스도께서 교회의 머리됨과 같음이니 그가 바로 몸의 구주시니라 그러므로 교회가 그리스도에게 하듯 아내들도 범사에 자기 남편에게 복종할지니라 남편들아 아내 사랑하기를 그리스도께서 교회를 사랑하시고 그 교회를 위하여 자신을 주심 같이 하라 이는 곧 물로 씻어 말씀으로 깨끗하게 하사 거룩하게 하시고 자기 앞에 영광스러운 교회로 세우사 티나 주름 잡힌 것이나 이런 것들이 없이 거룩하고 흠이 없게 하려 하심이라 엡 5:22-27

유대인 신랑과 신부 사이에 결혼 계약이 끝나면 신부는 오직 한 신랑만을 위하여 구별되어집니다. 이와 같이 예수님의 진리와 피로 계약이 끝난 신부인 교회는 오직 한 분 예수 신랑만을 위해 구별됩니다(겔 42:20, 출 9:4, 계 18:4).

주 여호와 앞에서 잠잠할지어다 이는 여호와의 날이 가까웠으므로 여호와께서 희생을 준비하고 그가 청할 자들을 구별하셨음이니라 습 1:7

영원한 신랑이요 남편이신 그리스도와 정혼이 되어 구별되어진 존재가 오늘 교회입니다. 교회를 그의 피로 거룩하게 하시고 그의 성령으로 둘러 덮어 세상으로부터 보호하십니다. 사망에서 생명으로, 어둠에서 빛으로 구별해 내셨습니다. 썩는 양식에서 썩지 않는 영원한 양식으로, 심판 받을 자와 상 받을 자, 멸망할 자와 영생할 자, 땅의 백성과 하늘 백성을 구별하여 두셨습니다. 우주적인 하나님의 법적 부부로 선택되는 것입니다.

6. 신랑이 돌아가기 전 신부에게 선물을 줌(눅 24:49, 행 1:4-5)

예수께서 대답하여 이르시되 네가 만일 하나님의 선물과 또 네게 물 좀 달라 하는 이
가 누구인 줄 알았더라면 네가 그에게 구하였을 것이요 그가 생수를 네게 주었으리
라 요 4:10

베드로가 이르되 너희가 회개하여 각각 예수 그리스도의 이름으로 세례를 받고 죄 사
함을 받으라 그리하면 성령의 선물을 받으리니 행 2:38

유대인 신랑이 신부 집을 떠나기 전에 신부에게 선물을 주고 갑니다. 이는 청
혼을 받아준 것에 대한 감사의 표시이자 떨어져 있을 동안 기억해 달라는 의미에
서입니다. 이와 같이 예수님도 가시기 전에 신부인 교회에게 성령을 선물로 주셨
습니다. 성령은 신부를 위로하는 위로자이시며 개인 또는 단체를 거룩하고 하나
되게 하여 신부 단장을 잘 하라고 주신 은사입니다(엡 4:1-3). 그리고 성령은 예수
님의 어떠함에 대하여 기억나게 하시며(요 14:26) 장래 일까지 알게 하십니다(요
16:13). 오늘 신부인 교회가 받은 구원과 성령과 은사입니다.

7. 신랑은 아버지께로 돌아감(요 17:11-13, 20:17, 요 13:1)

내가 아버지에게서 나와 세상에 왔고 다시 세상을 떠나 아버지께로 가노라 하시니
요 16:28

유대인 신랑이 신부와 결혼 계약을 마친 뒤 자기의 본 아버지 집으로 돌아가듯

이 예수께서도 진리와 피로 정혼하시고 하늘 아버지 집으로 돌아가셨습니다(요 14:1-3, 행 1:9-11). 물론 영으로는 사람들 속에 하나님 나라를 위해 성령으로 내주(內住)하여 계십니다. 성전인 교회가 아버지 집이고 예수님께서 다스리시는 하나님의 나라이기 때문입니다(요 14:16-23, 17장, 고전 3:16-17).

> 예수께서 이르시되 어찌하여 나를 찾으셨나이까 내가 내 아버지 집에 있어야 될 줄을 알지 못하셨나이까 하시니 눅 2:49

> 비둘기 파는 사람들에게 이르시되 이것을 여기서 가져가라 내 아버지의 집으로 장사하는 집을 만들지 말라 하시니 요 2:16

예수님은 셋째 하늘의 아버지 보좌 우편에 계시며, 때가 되어 자기의 신부가 완성되면 신랑으로 재림하셔서 온 우주에 하나밖에 없는 신부(새 예루살렘 성)를 취하게 되실 것입니다.

8. 신랑과 신부는 결혼까지 준비기간이 있음(마 25:1-46)

> 허리에 띠를 띠고 등불을 켜고 서 있으라 너희는 마치 그 주인이 혼인 집에서 돌아와 문을 두드리면 곧 열어 주려고 기다리는 사람과 같이 되라 눅 12:35-36

유대인 신랑이 신부의 집을 떠나 1년 또는 2년 동안 떨어져 있으면서 신랑은 신랑대로 신부는 신부대로 준비하는 기간이 있습니다. 이와 같이 예수님도 교회와 정혼을 마치고 다시 오시겠다고 약속하시고 하늘 아버지 집으로 가셨습니다

(행 1:9-11, 살전 4:14, 계 1:7, 계 22:20).

영적으로는 하나 됨의 결혼이 이미 이루어져 있으나 존재적으로 떨어져 있습니다. 정혼하고 가신 신랑과 신부가 떨어진지 약 2,000년이 지났습니다. 신랑 예수님께서 가시면서 신부에게 다시 올 때가 되면 세상에 어떤 징조들이 있을 것이라 말씀하셨습니다. 그 때가 임박하였습니다.

신랑 예수님께서도 함께할 처소를 준비하시겠지만 신부도 어떻게 준비하라는 말씀이 성경에 가득합니다. 그 말씀들을 한마디로 요약하면 신부의 의를 십자가에 못 박고 오직 신랑의 의로 하나 되는 준비입니다.

거룩함과 화평으로 준비되고(히 12:14-17), 깨어 기름 준비하고, 달란트를 남김으로 사명 감당하고 있어야 합니다(마 25장). 그리고 신랑 집에서 영원히 살기 위하여 사랑으로 연합하는 신부 수업이 절대적으로 필요합니다. 여자가 지음 받은 목적인 돕는 배필의 사명입니다(창 2:18). 그리고 머리이신 남편을 순종하는 훈련입니다.

재미있는 예화가 있습니다.
언젠가 EBS TV채널에서 '천국의 새'라는 주제의 방송이 2부작으로 제작 되었는데 '너에게 정원을 바친다'라는 제목의 다큐멘터리를 상영한 적이 있습니다. 지구의 적도에 위치한 파푸아 섬에 '천국의 새'라 불리는 '바우어 새'의 삶에 대한 이야기 입니다. 바우어는 '신방'이라는 뜻입니다. 바우어 새는 음식을 먹고 하는 일이 암컷을 얻기 위한 집을 짓는 일인데 신방을 꾸미는 일입니다. 나뭇가지를 계속 물어다 가로 약 1m, 세로 60cm 정도의 집을 짓습니다. 그리고 그 공간에 암컷 새가 탐스러워 할 만큼의 열매들을 들여놓고 여러 가지 아름다운 색깔 있는 것들을 물어다 치장합니다. 오직 한 가지 목적 짝짓기 할 암컷을 얻기 위함입니다. 모든 것을 완성해 놓고 집 주변에서 아름다운 노래로 암컷을 유혹합니다. 그리고 드디어 암컷과 짝짓기에 성공하게 되는데 암컷은 다른 곳에 둥지를 만들어 알을 낳습니다. 그럼에도 수컷 바우어 새는 평생을 그 일에 힘을 다합니다. 그래서 사람들은 바우어 새를 '바보 새'라고도 부릅니다(Youtube 검색 : EBS 천국의 새).

이 영상을 보면서 문득 예수님과 교회의 결혼이 오버랩(over-lap)되면서 남모르게 깊은 감동을 받았습니다. 예수님은 자기의 신부인 교회를 위해 처소를 예비하십니다.

> 너희는 마음에 근심하지 말라 하나님을 믿으니 또 나를 믿으라 내 아버지 집에 거할 곳이 많도다 그렇지 않으면 너희에게 일렀으리라 내가 너희를 위하여 거처를 예비하러 가노니 가서 너희를 위하여 거처를 예비하면 내가 다시 와서 너희를 내게로 영접하여 나 있는 곳에 너희도 있게 하리라 요 14:1-3

신부를 위해 신방을 꾸미는 바우어 새의 삶은 교회의 신랑 되신 예수님을 설명해 주는 것 같습니다. 바우어 새가 힘든 건축을 할 수 있는 것은 짝을 찾기를 간절히 원하기 때문이었습니다. 우리 예수님께서 자기의 생명을 기꺼이 내어주신 것도 모든 수고를 기쁨으로 행하신 것도 오직 신부인 교회를 위해서였습니다. 주님은 처소를 예비해 놓으시고 우리를 부르시고 데리러 오십니다. 그러나 혹시 암컷 바우어 새처럼 다른 곳에 둥지를 틀려 하고 있지는 않는가요? 마음이 다른 곳에 가 있는 것은 아닌가요? 그렇다면 암컷 바우어 새가 수컷 바우어 새를 바보 새 만드는 것처럼 우리도 예수님을 바보로 만드는 것입니다. 신랑 예수님께서는 신부인 우리를 정신이 없을 정도로 사랑하십니다. 신부인 우리도 신랑 되신 예수님의 사랑과 은혜를 잊지 않고 그 처소와 그 품을 사모해야겠습니다.

9. 기간이 차면 약속대로 신부를 데리러 신랑이 옴(히 9:28)

이르되 갈릴리 사람들아 어찌하여 서서 하늘을 쳐다보느냐 너희 가운데서 하늘로 올려지신 이 예수는 하늘로 가심을 본 그대로 오시리라 하였느니라 행 1:11

유대인 신랑이 약속한 기간이 차면 신랑 아버지의 허락 하에 신부를 데리러 가게 됩니다. 그러나 이때는 신랑도 모르고 신랑의 아버지만 알고 있습니다. 이와 같이 예수님도 신부인 교회를 데리러 오시는 것은 분명하지만 그 날은 아들도 천사도 알지 못하고 하늘 아버지만 아십니다.

그러나 그 날과 그 때는 아무도 모르나니 하늘의 천사들도, 아들도 모르고 오직 아버지만 아시느니라 마 24:36

10. 신랑이 올 때 신랑의 친구들이 함께 옴

우리가 예수께서 죽으셨다가 다시 살아나심을 믿을진대 이와 같이 예수 안에서 자는 자들도 하나님이 그와 함께 데리고 오시리라 살전 4:14

유대인 신랑이 신부 집에 갈 때 신랑의 친구들과 대동하여 가는 것과 같이 예수님께서 신부를 데리러 올 때 친구들과 함께 오실 것입니다. 땅에 살아서 주를 맞이하는 사람들은 주 안에서 이미 죽었다가 살아난 성도들과 함께 주님 강림하심을 보게 될 것입니다. 물론 주께서 강림하실 때 수많은 천군 천사도 함께 오실 것입니다(눅 9:26).

환난을 받는 너희에게는 우리와 함께 안식으로 갚으시는 것이 하나님의 공의시니 주 예수께서 자기의 능력의 천사들과 함께 하늘로부터 불꽃 가운데에 나타나실 때 에 살후 1:7

그러나 성경은 천사들을 친구라 하지 않았으며 오직 하나님의 종이고 구원 얻을 후사(後嗣)를 도우라고 세상에 보내심을 입은 자들이라고 합니다(히 1:14). 친구는 예수님의 계명 곧 말씀을 순종하여 지키는 자들입니다(요 15:14, 시 119:63). 물론 천사들은 예수님의 종으로 어떤 말씀에도 순종하는 친구일 수도 있습니다. 예수님께서 재림하실 때에 나팔을 부는 자들도 하늘의 천사들입니다(요한계시록).

11. 신부 동네에 도착하면 신랑 들러리들이 뿔 나팔 불어 알림

주께서 호령과 천사장의 소리와 하나님의 나팔 소리로 친히 하늘로부터 강림하시리니 그리스도 안에서 죽은 자들이 먼저 일어나고 그 후에 우리 살아남은 자들도 그들과 함께 구름 속으로 끌어 올려 공중에서 주를 영접하게 하시리니 그리하여 우리가 항상 주와 함께 있으리라 살전 4:16-17

유대인 신랑이 신부의 동네 어귀에 도착하면 '쇼파르'라는 뿔 나팔을 불어 알립니다. 이와 같이 예수님께서 다시 강림하실 때 공중에서 천사장의 나팔소리가 있게 될 것입니다. "신랑이 왔으니 신부는 신랑을 맞으러 나오라"는 것입니다. 이때 준비된 처녀와 그렇지 아니한 처녀들이 구별되어 나누어지게 될 것입니다 (마 25:8-12).

12. 신랑이 올 때 "보라 신랑이로다"라고 외침

신랑이 더디 오므로 다 졸며 잘새 밤중에 소리가 나되 보라 신랑이로다 맞으러 나오라 하매 마 25:5-6

유대인 신랑이 신부를 데리러 올 때 신부 집으로 바로 가지 않고 동구 밖에서 잠시 머문다고 합니다. 이때 동네 아주머니들이 미리 기다리다가 "보라 신랑이다"라고 소리쳐서 기다리는 신부가 더욱 준비되어 나오도록 한다고 합니다(마 3:5).

이는 자기들도 언제 올 줄 모르는 신랑을 초조하게 기다리던 기억이 있기 때문에 신부를 위해 소리쳐 준다고 합니다. 이와 같이 교회는 먼저 믿는 성도가 택한 자들을 위해 복음을 소리쳐 외치는 것과 같고, 먼저 믿는 이방인 교회가 유대 이스라엘을 위해 복음을 외치는 장면이라고도 할 수 있습니다. 또한 마지막 때 주님이 재림하실 때 먼저 신부된 두 증인의 사역일 수도 있습니다.

성령과 신부가 말씀하시기를 오라 하시는도다 듣는 자도 오라 할 것이요 목마른 자도

올 것이요 또 원하는 자는 값없이 생명수를 받으라 하시더라 계 22:17

신랑이 바로 신부 집으로 직행(直行)하지 않고 동구 밖에 기다리는 것처럼 주 예수님께서 강림하실 때도 지상 강림 이전에 공중에 임하실 것입니다(계 14:6).

그 후에 우리 살아 남은 자들도 그들과 함께 구름 속으로 끌어 올려 공중에서 주를 영접하게 하시리니 그리하여 우리가 항상 주와 함께 있으리라 살전 4:17

13. 신부의 친구들이 기름통과 등불을 들고 기다리고 있음

그 때에 천국은 마치 등을 들고 신랑을 맞으러 나간 열 처녀와 같다 하리니 그 중의 다섯은 미련하고 다섯은 슬기 있는 자라 미련한 자들은 등을 가지되 기름을 가지지 아니하고 슬기 있는 자들은 그릇에 기름을 담아 등과 함께 가져갔더니 마 25:1-4

유대인 신랑이 더디 올 때에는 밤이 되기도 하였습니다. 신랑이 더디 올 때를 대비하여 등불이 꺼지지 않도록 기름을 준비해야 했습니다. 지혜롭지 못한 신부의 친구들은 졸거나 잠들어 기름 준비를 못하여 등을 가졌으나 불을 밝히지 못하였습니다. 이들은 혼인 잔치에 참여할 수 없었습니다. 이와 같이 예수 신랑께서 신부인 교회를 데리러 오실 때도 등불을 들고 깨어 신랑 맞을 준비하라고 권고하셨습니다(마 25:1-13, 눅 12:35-36). 유대인들의 결혼식이 저녁부터 아침까지 이루어지는 것을 보면 대우주적인 결혼인 예수님과 교회의 결혼도 밤중에 일어날 것으로 여겨지기도 합니다. 밤은 죄악의 관영함을 말씀하는데 어둠의 주관자인 마귀가 득세함으로 빛이신 신랑 그리스도가 오시는 것을 믿지도, 보지도, 기다리지도 못하게 하여 영적으로 암울한 때입니다. 이때 신부는 신랑을 기다림에 등불이 반드시 필요합니다(계 22:5).

> 너희는 마치 그 주인이 혼인 집에서 돌아와 문을 두드리면 곧 열어 주려고 기다리는 사람과 같이 되라 눅 12:36

신랑을 기다리는 신부는 오직 정절을 지키며 거룩한 행실로 남아 있어야 합니다. 등은 말씀이고 기름은 성령이니 말씀 중심의 삶은 성령께서 보증해주시는 것입니다. 그의 삶이 성령으로 기름진 마음에서 발산되는 진리의 빛이 그의 행실로 나타납니다. 우리에게 진리의 기름 부음이 떨어지면 말씀의 빛을 발할 수가 없고 하루하루의 삶들이 무미건조해질 수밖에 없습니다. 만일 성도가 세상과 육에 미혹되어 자기의 마음이 더러워지면 그만큼 영적인 어두움 속에 머무르게 될 것입니다. 그러므로 그날 그 순간에 다른 신부들이 다 들림 받을 때에 자신이 들림 받지 못한 결과를 슬피울고 이를 갈며 후회하게 될 것입니다. 주를 기다리는 신부는 말씀(등)과 기도(성령)로 거룩함을 이루어 시집갈 만한 장성한 분량으로 있어야 합니다.

세상에서 일어나는 결혼을 보아도 이해할 수 있습니다. 어떤 여자 아이가 어린아이 시절을 지나 성장하게 되면 신랑 될 남자를 생각하게 됩니다. 스스로 연애할 마음의 준비가 되고 상대를 찾게 됩니다. 만일 마음에 드는 남자를 만나게 되면 처녀의 마음은 온통 사랑과 그리움으로 가득 차게 됩니다. 성숙했다는 증거입니다. 어린아이에게 남자를 그만큼 사랑하고 그리워하는 마음이 생기기까지에는 상당한 시간이 흘러야 합니다.

사랑하는 사람을 만나면 모든 것이 바뀌게 됩니다. 신랑 신부의 언행(言行) 심사(心思)가 달라집니다. 강퍅(剛愎)한 마음이 부드러워지고 말과 행동이 달라지게 됩니다. 사랑하는 사람이 싫어하는 것을 하지 않게 되고 좋아하는 것만 하려고 애를 쓰게 됩니다. 온통 사랑하는 사람이 그 마음을 가득 채우고 있어서 다른 사람이 들어갈 틈이 없습니다. 이와 같이 신랑 예수를 사랑하는 신부인 교회는 신앙이 자라갈수록 그 사랑이 커지고 그 마음에 온통 예수로 가득 채워질 수밖에 없습니다. 그리고 신랑 예수님이 신부를 사랑해서 자기의 모든 소유를 아낌없이 내어 놓은 것과 같이 신부도 신랑을 사랑하여 자기의 모든 것을 아낌없이 내어 놓을 수 있어야 합니다. 이것이 신랑이 올 때까지 기름을 채우고 있는 것입니다.

14. 신랑 신부의 일행이 아버지 집에 도착하면 많은 축하객이 모여 있음

이 일 후에 내가 들으니 하늘에 허다한 무리의 큰 음성 같은 것이 있어 이르되 할렐루야 구원과 영광과 능력이 우리 하나님께 있도다 그의 심판은 참되고 의로운지라 음행으로 땅을 더럽게 한 큰 음녀를 심판하사 자기 종들의 피를 그 음녀의 손에 갚으셨도다 하고 두 번째로 할렐루야 하니 그 연기가 세세토록 올라가더라 또 이십사 장로와 네 생물이 엎드려 보좌에 앉으신 하나님께 경배하여 이르되 아멘 할렐루야 하니 보좌에서 음성이 나서 이르시되 하나님의 종들 곧 그를 경외하는 너희들아 작은 자나 큰 자나 다 우리 하나님께 찬송하라 하더라 또 내가 들으니 허다한 무리의 음성과도 같고 많은 물 소리와도 같고 큰 우렛소리와도 같은 소리로 이르되 할렐루야 주 우리 하나님 곧 전능하신 이가 통치하시도다 우리가 즐거워하고 크게 기뻐하며 그에게 영광을 돌리세 어린 양의 혼인 기약이 이르렀고 그의 아내가 자신을 준비하였으므로 그에게 빛나고 깨끗한 세마포 옷을 입도록 허락하셨으니 이 세마포 옷은 성도들의 옳은 행실이로다 하더라 천사가 내게 말하기를 기록하라 어린 양의 혼인 잔치에 청함을 받은 자들은 복이 있도다 하고 또 내게 말하되 이것은 하나님의 참되신 말씀이라 하기로 계 19:1-9

유대인 신랑 신부의 일행이 아버지 집에 도착하면 많은 축하객들이 모여 있는 것과 같이, 주께서 강림하실 때 승리하여 먼저 된 자들과 천군 천사가 환영단으로 기다릴 것입니다. 신랑이 있고 신부가 있으며 예복이 준비되었으니 신랑은 우주적 신부 가운데 임하여 한 몸이 됨으로 결혼이 완성될 것입니다. 창세 전 하나님께서 계획하신 목적이 완성되는 순간입니다(계 21:1-4). 이때는 유대인 중에도 이방인 중에도 택한 모든 성도가 함께 할 것입니다.

15. 신랑 집으로 간 신부는 공개되지 않고 7일간 숨겨짐(시 121:7)

또 우리 형제들이 어린 양의 피와 자기들이 증언하는 말씀으로써 그를 이겼으니 그들은 죽기까지 자기들의 생명을 아끼지 아니하였도다 그러므로 하늘과 그 가운데에 거하는 자들은 즐거워하라 그러나 땅과 바다는 화 있을진저 이는 마귀가 자기의 때가 얼마 남지 않은 줄을 알므로 크게 분내어 너희에게 내려갔음이라 하더라 계 12:11-12

유대인 신랑이 신부를 데리고 가서 7일을 밀실에 숨김 같이 마지막 한 이레 동안에 신부는 비밀히 지켜질 것입니다. 이때 신부는 하늘에 거하든 땅에 거하든 하나님 안에서 비밀로 지켜질 것이고 그 완성된 모습은 환란 끝에 세상에 공개될 것입니다(계 19:14, 계 12:5, 계14:1-5). 지금도 세상에게는 교회가 비밀입니다. 그들은 교회를 이해하지 못하고 신랑이신 그리스도도 알지 못합니다. 오히려 정신병자 취급하기도 하고 쓸데없이 시간과 모든 삶을 허비하는 것으로 이해하고 있습니다. 그러나 주께서 지상 재림하실 때 모두에게 공개될 것이고 세상은 분통과 괴로움으로 고통 중에 마무리 당하게 될 것입니다.

우리 생명이신 그리스도께서 나타나실 그 때에 너희도 그와 함께 영광중에 나타나리라 골 3:4

16. 결혼식 전 신랑 신부의 금식

예수께서 그들에게 이르시되 혼인집 손님들이 신랑과 함께 있을 동안에 슬퍼할 수 있느냐 그러나 신랑을 빼앗길 날이 이르리니 그 때에는 금식할 것이니라 마 9:15

유대인의 결혼식 전에 신랑 신부가 금식을 합니다. 이는 지난날의 모든 죄를 청산하고 새로운 출발을 하기 위한 준비입니다. 이스라엘의 7대 절기 중 장막절 전에 대 속죄일의 부분입니다. 장막절은 서로 밀실에서 한 몸 되는 결혼인데 그 전에 대 속죄일에 민족적 금식과 회개가 이루어집니다. 대 속죄일은 마지막 심판으로도 해석될 수 있습니다. 이와 같이 주님의 재림 때도 이스라엘의 대 속죄일이 있습니다(슥 12장).

내가 다윗의 집과 예루살렘 주민에게 은총과 간구하는 심령을 부어 주리니 그들이 그 찌른 바 그를 바라보고 그를 위하여 애통하기를 독자를 위하여 애통하듯 하며 그를 위하여 통곡하기를 장자를 위하여 통곡하듯 하리로다 그 날에 예루살렘에 큰 애통이 있으리니 므깃도 골짜기 하다드림몬에 있던 애통과 같을 것이라 온 땅 각 족속이 따로 애통하되 다윗의 족속이 따로 하고 그들의 아내들이 따로 하며 나단의 족속이 따로 하고 그들의 아내들이 따로 하며 레위의 족속이 따로 하고 그들의 아내들이 따로 하며 시므이의 족속이 따로 하고 그들의 아내들이 따로 하며 모든 남은 족속도 각기 따로 하고 그들의 아내들이 따로 하리라 그 날에 죄와 더러움을 씻는 샘이 다윗의 족속과 예루살렘 주민을 위하여 열리리라 숙 12:10-13:1

영적으로는 십자가의 심판과 회개의 대 속죄일을 지나 부활로 신부인 교회와 한 몸을 이루는 장막절에 이르는 역사입니다.

17. 결혼식은 반드시 후파에서 진행함

또 내가 보매 거룩한 성 새 예루살렘이 하나님께로부터 하늘에서 내려오니 그 준비한 것이 신부가 남편을 위하여 단장한 것 같더라 내가 들으니 보좌에서 큰 음성이 나서 이르되 보라 하나님의 장막이 사람들과 함께 있으매 하나님이 그들과 함께 계시리니 그들은 하나님의 백성이 되고 하나님은 친히 그들과 함께 계셔서 계 21:2-3

유대인들이 결혼하는 장소는 아이들과 사람들이 많이 모이는 공터였다고 합니다. 아이들이 결혼식에 많이 참여하는 것이 복이 있다는 생각인데 유대인들의 결혼은 단순히 자기들 사랑만이 아니라 다산(多産)을 생각하기 때문입니다. 하나님의 창조의 명령인 생육(生育)하고 번성(繁盛)하여 땅에 충만(充滿)하라 하심을 순종하는 것입니다. 이와 같이 초림 예수님이 오셔서 영적인 결혼을 이 세상에서 이루심으로 수많은 하늘 백성들로 번성케 하셨습니다. 재림하시는 신랑 예수님은 천사들을 보내 모두 불러 모아 하늘 백성의 다산(多産)의 영광을 얻으실 것입니다.

후파는 네 기둥으로 되어 위에 천막만 있고 사방은 터져 있습니다. 후파는 장, 광, 고(長廣高)가 같은 지성소의 의미가 있고 지성소는 장광고가 같은 새 예루살렘 성을 의미합니다(계 21:16). 사방이 터져 있는 것은 새 예루살렘 성인 어린양의 신부는 동서남북 땅의 사방에서 모아진 주의 신부요 백성이며 자녀이기 때문입니다.

> 그가 큰 나팔소리와 함께 천사들을 보내리니 그들이 그의 택하신 자들을 하늘 이 끝에서 저 끝까지 사방에서 모으리라 마 24:31

요한계시록 21장 3절에 하나님의 장막이 신부이고 사람들 가운데 있는 것, 이것이 후파가 사람들이 많은 공터에 세워져 결혼식 하는 그림과 같습니다. 고대 이스라엘은 결혼식을 야외에서 밤에 하늘의 별이 보이는 곳에서 거행했다고 합니다. 이는 하나님께서 아브라함에게 약속하신 대로 하늘의 수다(數多)한 별들처럼 후손이 많아지리라는 축복의 의미에서 유래하였다고 합니다.

18. 신랑은 신부의 얼굴에 베일을 덮어줌(고전 11:1-16)

> 종에게 말하되 들에서 배회하다가 우리에게로 마주 오는 자가 누구냐 종이 이르되 이는 내 주인이니이다 리브가가 너울을 가지고 자기의 얼굴을 가리더라 창 24:65

유대인 신랑은 결혼식을 위해 후파에 들어가기 전 신부의 얼굴을 베일로 가려줍니다. 오늘날 결혼할 때 면사포를 쓰는 유래가 되는데 이는 신랑이 머리이니 이제부터 여자는 머리가 없고 오직 남편에게 순종하여 살 것이라는 의미입니다.

아브라함의 명을 따라 아들 이삭의 배필인 리브가를 데리고 돌아올 때 이삭은 집이 아닌 동구 밖 들에 배회하고 있었습니다. 신부를 기다린 것입니다. 리브가가 자기의 신랑 될 이삭임을 듣고 너울('짜이프' צָעִיף 면박, '둘러감다'에서 유래)로 자기의 얼굴을 덮었습니다. 교회가 신랑이신 그리스도를 만나면 그때 머리에 대한 순종의 표가 머리에 쓰는 것입니다. 여자들은 쓰는 것을 대신하여 긴 머리를 주었습니다. 신랑 되신 그리스도에게 온전히 순종하는 의미가 면사포 쓰는 것이며 이 여자를 '신부'라 합니다.

신부는 '뉨페'(νυμφη), '약혼한 여자, 신부, 젊은 며느리'란 말인데 '닙토', '베일을 치다'라는 의미에서 유래하였습니다.

신부에게 베일을 덮어주는 것은 "이제부터 내가 당신의 머리가 되어 주겠소"라는 의미가 되고, 신부 입장에서는 "이제부터 나의 머리는 당신이고 나는 당신의 몸입니다"라는 의미가 되는 것입니다. 이는 그리스도와 교회의 관계를 설명한 것입니다(엡 1:22, 5:23).

그는 몸인 교회의 머리시라 그가 근본이시요 죽은 자들 가운데서 먼저 나신이시니 이는 친히 만물의 으뜸이 되려 하심이요 골 1:18

오늘날도 어떤 교회들은 여자들이 머리에 쓰고 예배를 드리는 교회도 있습니다. 그러나 여자가 쓰는 것과 긴 머리는 표상이고 그리스도 안에서는 남자도 여자입니다. 우주적인 결혼에서 남자는 그리스도이고 교회가 모두 여자입니다. 그러므로 주 안에서 모든 교회는 머리에 너울, 곧 면박을 하여야 합니다(고전11:1-16). 이는 실제 어떤 천으로 만들어서 반드시 머리에 써야 하느냐 아니냐의 문제가 아니라, 머리이신 그리스도의 통치 앞에 나를 주장하지 말고 겸손히 순종하는 표를 가지라는 것입니다. 어린양이 어디로 인도하든 믿고 따르는 신부를 말씀하는 것입니다(계 14:4-5).

19. 신랑과 신부가 후파에 도착하면 일곱 바퀴를 돎(수 6장)

유대인 신랑이 결혼식이 이루어지는 후파 안에서 신부 주위를 일곱 바퀴를 돌게 됩니다. 이스라엘 백성들이 요단을 건너고 여리고성을 무너뜨릴 때 성을 6일 동안 한 바퀴씩, 마지막 7일째는 일곱 번을 돌았습니다. 이것을 상기(想起)하며 신부를 얻었으니 이제 신랑이 신부의 처녀성을 정복하라는 의미라고 합니다. 이와 같이 예수님도 개인적으로는 십자가에서 모든 심판을 하고 부활로 이기었으니 이제 성도를 정복하는 것과 같습니다. 우주적으로는 천년을 하루로 6천 년이 지나고 7천 년의 시작인 7째 날에 신부가 완성되니 이제 신부와 하나 되어 점령하여 소유하라는 의미가 됩니다. 실로 어린양이신 남편은 그렇게 하실 것입니다(계 21:22).

무릇 표면적 유대인이 유대인이 아니요 표면적 육신의 할례가 할례가 아니니라 오직 이면적 유대인이 유대인이며 할례는 마음에 할지니 영에 있고 율법 조문에 있지 아니한 것이라 그 칭찬이 사람에게서가 아니요 다만 하나님에게서니라 롬 2:28-29

로마서 2장 28절 이하의 말씀처럼 영으로 임하신 그리스도는 성도의 속에서 마음의 할례 곧 육신을 죽이시고 정복하시는 일에 열심이십니다. 여호수아가 가나안 땅 정복 전쟁을 하듯이 예수님도 그러하십니다. 물론 우주적으로도 새 예루살렘 성으로 완성되기까지 쉬지 않으실 것입니다.

20. 신랑이 신부에게 반지를 끼워줌(창 41:42)

아버지는 종들에게 이르되 제일 좋은 옷을 내어다가 입히고 손에 가락지를 끼우고
발에 신을 신기라 눅 15:22

유대인 신랑은 신부에게 '슐라못'이라는 반지를 끼워주는데 '슐라못'은 '온전
한 반지'라는 의미입니다. 이 반지에는 어떤 보석도 무늬도 새기지 못하게 하였
는데 만일 보석이나 무늬를 새기면 반지에 흠이 생기게 되기 때문입니다. 신부는
흠이 없어야 하고 신랑과 신부의 서약인 말씀도 흠이 없어야 합니다.

반지는 신랑 신부 쌍방 간에 굳은 약속의 표시이기도 하지만 고대 사람들이 반
지를 끼워준 것은 기업을 무를 자로서의 상속과 책임의 의미를 부여한 것이라고
도 합니다. 마치 탕자가 집에 돌아왔을 때 거지로 왔으나 아버지는 그를 기업 무
를 상속자요, 아들로 인정하여 반지를 끼워준 것과 같습니다. 신부는 신랑을 만
날 때 그 상속을 함께 합니다. 룻기서에 룻이 보아스를 만나니 보아스의 기업에
함께 동참하게 된 것과 같습니다. 오늘 성도는 주의 신부로서 신랑이신 그리스
도에게서 반지 곧 약속의 진리의 말씀을 전달 받았습니다. 그리스도와 함께 기
업과 영광을 함께 누립니다.

21. 신랑은 결혼 증서를 읽고 서명하여 신부에게 줌

진실로 너희에게 이르노니 천지가 없어지기 전에는 율법의 일점일획도 결코 없어지지 아니하고 다 이루리라 마 5:18

나 예수는 교회들을 위하여 내 사자를 보내어 이것들을 너희에게 증언하게 하였노라 나는 다윗의 뿌리요 자손이니 곧 광명한 새벽 별이라 하시더라 계 22:16

유대인 신부가 '케투바'라는 증서를 신부 앞에서 읽고 서명하여 신부에게 건네줍니다. 증서 안에는 신랑이 신부에게 평생 어떻게 할 것들이 명시되어 있으며 신부는 그것을 받아 평생 동안 간직하도록 되어 있고 만일 잃어버리면 다시 써야 했습니다.

사실 성경은 신랑이신 예수 그리스도에 대하여 증거 한 것입니다(요5:39). 또한 모든 성경은 주의 신부인 교회에게 약속하신 말씀입니다. 대우주적인 결혼관계에서 신랑이 신부에게 약속, 서약하신 것과 같습니다. 신랑 되신 예수님은 자기의 신부를 새 하늘과 새 땅의 영원한 곳으로 인도해 주시겠다는 것도 약속하셨습니다(벧후 3:13). 신부를 사랑하셔서 오심, 죽으심, 부활하심, 승천하심, 성령 보내주심, 다시 강림하심까지 모두 신부인 교회에게 약속하신 것입니다. 신랑 되신 예수님은 하나님이시니 자기의 신부에게 약속하신 것을 식언치 않으시고 반드시 지키십니다(민 23:19, 말 2:14, 민 30장).

22. 결혼식이 끝나면 다시 되돌릴 수 없음

유대인 결혼 풍습에 결혼식이 끝남과 동시에 신랑이 흰 보자기로 싼 유리컵을 오른발로 깨뜨리면 축하객들이 함성을 외치며 춤추고 즐거워합니다. 이는 한번 이루어진 결혼을 다시 되돌릴 수 없음의 의미라고 합니다.

그런즉 이제 둘이 아니요 한 몸이니 그러므로 하나님이 짝지어 주신 것을 사람이 나누지 못할지니라 하시니 마 19:6

결혼식이 끝나면 아침까지 잔치가 이루어지고 이 잔치는 7일 동안 계속됩니다. 이렇게 남녀의 결혼이 기쁨과 행복으로 결론이 지어지는 것과 같이 그리스도와 교회의 실제의 결혼도 행복으로 새로운 시작을 합니다. 이 결혼을 위해 예수님의 고난과 죽으심, 그리고 인내로 기다림 끝에 있는 열매입니다. 모두 하나님의 열심으로 이루어 내십니다.

우리나라에는 그리스도와 교회의 결혼을 설명할 수 있는 아름다운 이야기가 있습니다. 바로 춘향전입니다. 오래 전 함께 공부하는 목사님들과 만나기 위해 아내와 남원(南原)을 방문한 적이 있습니다. 그곳에 가면 춘향전을 잘 이해하도록 그림과 설명을 순서를 따라 만들어 놓았습니다.

춘향전은 조선 시대 숙종 임금 때를 배경으로 한 이야기입니다. 당시 전라도 남원 땅에 부사(지금의 도지사)로 부임한 이 한림의 아들 이몽룡과 기생의 딸 성춘향 사이의 사랑 이야기입니다. 지체 높은 양반가와 기생 집안의 관계이니 당시에는 상상할 수 없는 일들이었으나 두 사람의 신분을 초월한 간절한 사랑이 감동을 줍니다. 16세 된 이몽룡이 하인 방자를 데리고 남원의 광나루에 봄나들이 나갔을 때 같은 나이의 춘향이가 하인 향단이를 데리고 나와 그네를 타고 있었습니다. 몽룡은 방자를 보내어 춘향이를 오라 하고 둘은 서로 만나 사랑을 하게 되었습니다. 이때부터 몽룡은 수시로 춘향이를 만나 연애를 하였습니다. 그러던 어느 날 조정에서 몽룡의 아버지에게 한양으로 올라와서 다른 직분을 맡으라는 명령이 내립니다. 헤어지게 된 몽룡은 춘향이에게 과거에 합격하여 반드시 데리러 오겠다고 약조를 하고 떠납니다. 이때 남원 부사로 '변사또'라는 사람이 부임을 하고 춘향이에게 수청(守廳)을 들라 명령을 합니다. 이몽룡과 결혼을 약속한 춘향이는 이를 거절하고 끌려가 곤장을 여러 번 맞게 되어 정신을 잃기도 합니다. 사또는 수청을 든다 할 때까지 감옥에 가두라 명합니다. 춘향이는 몽룡에 대한 정절을 지키느라 모진 고난을 받고 있는데 이몽룡으로부터는 아무런 소식이 없습니다. 가슴이 아픈 춘향이 모친인 월매는 고문 당하는 딸을 볼 수 없어서 오지 않는 이몽룡을 원망하고 딸에게 수청을 권고합니다. 그러나 춘향은 거절하여 자신을 지킵니다. 어느 날 변사또의 생일날이 되어 춘향을 마지막으로 권고하고 거절하면 죽이기로 합니다. 이때 이몽룡은 한양에서 과거시험에 합격하여 어사 (지방을 감찰하는 중앙관직)의 직분을 맡았습니다. 암행어사가 된 이몽룡이 남원에 도착하였습니다. 가문이 몰락한 거지의 모습으로 위장을 하고 춘향이의 어머니 월매를 찾아가 밥을 달라고 하자 춘향의 어미는 울며 원망을 합니다. 몽룡은 시치미를 떼고 감옥에 있는 춘향이를 찾아갑니다. 사랑하는 몽룡을 보아 너무나 반가워 두 손을 부여잡고 눈물의 상봉을 하지만 자기를 구해줄 힘이 없어 보입니다. 드디어 몽룡은 거지 행색으로 신분을 가리고 변사또의 생일 잔치에 참여합니다. 변사또는 춘향이를 끌어 오라 하고 마지막으로 수청을 권하나 거절하자 참수(斬首)를 명합니다. 칼을 든 망나니(사형집행자)가 춘향의 주변을 돌며 목을 칠 준비를 합니다. 춘향은 자신을 포기하고 죽음을 기다립니다. 절체절명(絶體

絶命)의 순간 몽룡은 자기만을 사랑하여 목숨 바쳐 정절을 지키는 춘향이를 구출합니다. "암행어사 출두요~~! 암행어사 출두요~~!" 수많은 군졸들이 무기를 들고 나타나 생일상을 엎고 사또와 그 무리들을 잡아 묶어 그 간에 저지른 악한 짓들을 낱낱이 심판하여 모든 관직을 거둡니다. 춘향이는 목숨을 건졌지만 얼굴 가린 암행어사가 자기의 사랑인 몽룡임을 알지 못합니다. 몽룡은 자신을 밝히지 않은 채 짐짓 춘향에게 수청 들라 명합니다. 춘향은 단호히 거절합니다. 다시 한 번 춘향의 굳은 절개를 확인한 몽룡은 얼굴을 가린 채 춘향에게 다가가 약속의 증표인 반지를 쥐어줍니다. 모든 사람들이 깜짝 놀라는 가운데 둘은 서로 부둥켜안고 감동의 눈물을 흘립니다. 이에 함께 한양으로 가서 행복하게 살았다는 이야기가 춘향전입니다.

함께 갔던 우리는 이몽룡을 예수님으로, 사랑에 목숨 걸고 정절을 지키며 기다린 성춘향을 교회로 연결하여 감동을 받았습니다. 생각해 보니 여러 가지로 연결되는 내용들이 있었습니다.

첫째, 양반과 천민의 사랑이야기는 죄인 되었던 교회와 의인이신 예수님과의 관계로,

둘째, 춘향과 사랑을 약조하던 이몽룡은 초림 예수님께서 연약한 사람의 모양을 입으시고 오셔서 교회와 정혼하였으나 세상에는 여전히 하찮게 여겨지는 분으로,

셋째, 장원급제하여 춘향을 구원하러 온 이몽룡은 왕권을 받아가지고 재림하시는 예수님으로,

넷째, 온갖 미혹과 학대로 고난을 당하나 정절을 지키는 춘향이는 세상 마귀의 미혹과 학대에 순교를 당하면서도 정절을 지키며 신랑 예수님을 기다리는 교

회로,

다섯째, 춘향이를 향한 모든 시험이 마무리될 때 나타난 어사 이몽룡은 교회의 모든 시험을 마무리될 때 오시는 예수그리스도로,

여섯째, 순교를 각오하고 정절을 지키는 춘향이를 보는 구경꾼들은 오늘 예수님을 사랑하는 것과 복음의 수고를 구경꺼리로만 여기는 성도들로,

일곱째, 변사또와 그 탐관오리들은 마귀와 그에 동조하여 참 믿음에서 떠나 있는 신자들로,

여덟째, "암행어사 출두요" 외침으로 심판을 받음과 같이 예수님 오실 때 "보라 신랑이다"를 외치는 것으로 사는 자와 죽는 자가 가려짐으로,

아홉째, 관졸들은 천사들로,

열 번째, 죄인에서 영광의 자리에 함께하는 춘향이는 죄인에서 의인으로 역전되는 신부로.

이렇게 연결하여 춘향전을 음미(吟味)해 보니, 감사하게도 많은 회개와 함께 더욱 신앙의 절개를 지키는 정결한 주의 신부가 되어야겠다는 결심도 새록새록 더하게 되었습니다.

오늘 신랑 예수님과 정혼한 교회가 마귀의 수청 들라는 미혹과 학대에 끝까지 정절을 지키며 인내로 기다립니다(딤전 2:9-10, 4:12-13).

이 사람들은 여자와 더불어 더럽히지 아니하고 순결한 자라 어린 양이 어디로 인도하든지 따라가는 자며 사람 가운데에서 속량함을 받아 처음 익은 열매로 하나님과 어린 양에게 속한 자들이니 계 14:4

허리에 띠를 띠고 등불을 켜고 서 있으라 너희는 마치 그 주인이 혼인 집에서 돌아와 문을 두드리면 곧 열어 주려고 기다리는 사람과 같이 되라 주인이 와서 깨어 있는 것을 보면 그 종들은 복이 있으리로다 내가 진실로 너희에게 이르노니 주인이 띠를 띠고 그 종들을 자리에 앉히고 나아와 수종들리라 주인이 혹 이경에나 혹 삼경에 이르러서도 종들이 그같이 하고 있는 것을 보면 그 종들은 복이 있으리로다 너희도 아는 바니 집 주인이 만일 도둑이 어느 때에 이를 줄 알았더라면 그 집을 뚫지 못하게 하였으리라 그러므로 너희도 준비하고 있으라 생각하지 않은 때에 인자가 오리라 하시니라 눅 12:35-40

신부인 교회는 깨어 정절을 지키며 신랑을 기다려야 합니다. 정절을 지킨 춘향이의 목숨이 떨어지기 전에 "암행어사 출두요"라고 소리쳤듯이 "보라 신랑이로다"라고 외쳐지는 날이 곧 오게 될 것입니다.

많은 생각을 해보았습니다.

만일 춘향이가 성공해 돌아온 몽룡을 기다리지 못하고 못된 변사또의 수청이나 들고 있었다면 암행어사 몽룡의 심정은 어떠하였을까? 마침내 몽룡이 어사가 되어 왔다는 것을 알게 되었을 때 눈앞에 나타난 어사 몽룡을 보고 춘향이는 어떻게, 월매는 어떻게 몽룡을 대할 수 있었을까? 그러한 대 역전극 속에서 과연 춘향과 월매의 처한 상황은? 생각만 해도 끔찍하였습니다.

너희는 스스로 조심하라 그렇지 않으면 방탕함과 술취함과 생활의 염려로 마음이 둔하여지고 뜻밖에 그 날이 덫과 같이 너희에게 임하리라 이 날은 온 지구상에 거하는 모든 사람에게 임하리라 이러므로 너희는 장차 올 이 모든 일을 능히 피하고 인자 앞에 서도록 항상 기도하며 깨어 있으라 하시니라 눅 21:34-36

때가 오래므로 세상이 죄악으로 어두워졌습니다. 신랑 예수님께서 신부를 데리러 오실 날이 임박해졌다는 의미입니다. 신랑예수께서 가시기 전에 많은 말씀으로 마지막 때의 징조를 설명해 주셨으며 기름 준비하고 깨어 기도하라 부탁하셨습니다. 이제는 주님의 예언대로 지구상의 곳곳에 수많은 징조들이 속속 들어나고 있습니다. 처처에 기근과 지진이, 테러와 전쟁과 온역이 발생하고 거짓 선지자들이 우후죽순(雨後竹筍)처럼 나타나 주의 신부인 교회를 미혹하고 있습니다. 적그리스도가 출현할 환경이 급속히 조성되고 있음을 감지할 수 있습니다. 수많은 별들이 땅에 떨어지고 있습니다. 이때 참 성도는 밝은 빛을 발하는 하늘의 별이 되어 어두운 세상에 비추어 길을 잃은 주의 백성들이 헤매지 않고 돌아올 수 있도록 길라잡이가 되어야 합니다. 시간이 많지 않습니다. 준비하기에 넉넉지 않습니다. 깨어 있어야 합니다. 이미 신랑이 오시는 발자국 소리가 들리는 듯합니다. 누구든지 말씀과 기도 안에서 깨어 있지 않으면 신랑이 오시는 소식이 그리 반갑지만은 않을 것입니다. 그러나 핍박을 받으며 오직 신랑을 기다리는 참 신부는 신랑의 오신다는 소식보다 더한 기쁨은 없을 것입니다.

마라나타! 아멘 주 예수여 어서 오시옵소서!

그리스도와 교회의
결혼에 관한
성구, 비유, 표상들 모음

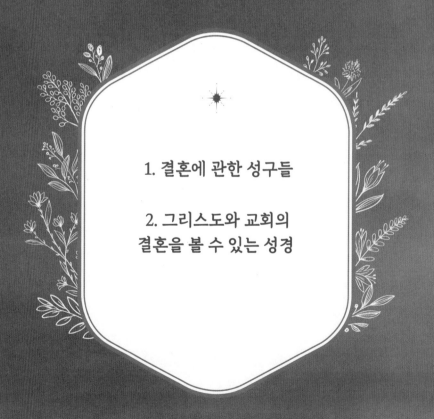

1. 결혼에 관한 성구들

2. 그리스도와 교회의
결혼을 볼 수 있는 성경

그리스도와 교회의 결혼에 관한 성구, 비유, 표상들 모음

1. 결혼에 관한 성경 구절들

1) 구약 성경

여호와 하나님이 이르시되 사람이 혼자 사는 것이 좋지 아니하니 내가 그를 위하여 돕는 배필을 지으리라 하시니라 여호와 하나님이 흙으로 각종 들짐승과 공중의 각종 새를 지으시고 아담이 무엇이라고 부르나 보시려고 그것들을 그에게로 이끌어 가시니 아담이 각 생물을 부르는 것이 곧 그 이름이 되었더라 아담이 모든 가축과 공중의 새와 들의 모든 짐승에게 이름을 주니라 아담이 돕는 배필이 없으므로 여호와 하나님이 아담을 깊이 잠들게 하시니 잠들매 그가 그 갈빗대 하나를 취하고 살로 대신 채우시고 여호와 하나님이 아담에게서 취하신 그 갈빗대로 여자를 만드시고 그를 아담에게로 이끌어 오시니 아담이 이르되 이는 내 뼈 중의 뼈요 살 중의 살이라 이것을 남자에게서 취하였은즉 여자라 부르리라 하니라 이러므로 남자가 부모를 떠나 그의 아내와 합하여 둘이 한 몸을 이룰지로다 아담과 그의 아내 두 사람이 벌거벗었으나 부끄러워하지 아니하니라 창 2:18-25

다시는 너를 버림 받은 자라 부르지 아니하며 다시는 네 땅을 황무지라 부르지 아니하고 오직 너를 헵시바라 하며 네 땅을 뿔라라 하리니 이는 여호와께서 너를 기뻐하실 것이며 네 땅이 결혼한 것처럼 될 것임이라 마치 청년이 처녀와 결혼함 같이 네 아들들이 너를 취하겠고 신랑이 신부를 기뻐함 같이 네 하나님이 너를 기뻐하시리라 사 62:4-5

이는 너를 지으신 이가 네 남편이시라 그의 이름은 만군의 여호와이시며 네 구속자는 이스라엘의 거룩한 이시라 그는 온 땅의 하나님이라 일컬음을 받으실 것이라 사 54:5

그런데 이스라엘 족속아 마치 아내가 그의 남편을 속이고 떠나감 같이 너희가 확실히 나를 속였느니라 여호와의 말씀이니라 렘 3:20

이 언약은 내가 그들의 조상들의 손을 잡고 애굽 땅에서 인도하여 내던 날에 맺은 것과 같지 아니할 것은 내가 그들의 남편이 되었어도 그들이 내 언약을 깨뜨렸음이라 여호와의 말씀이니라 렘 31:32

여호와께서 이르시되 그 날에 네가 나를 내 남편이라 일컫고 다시는 내 바알이라 일컫지 아니하리라 호 2:16

내가 네게 장가 들어 영원히 살되 공의와 정의와 은총과 긍휼히 여김으로 네게 장가 들며 진실함으로 네게 장가 들리니 네가 여호와를 알리라 호 2:19-20

2) 신약 성경

예수께서 그들에게 이르시되 혼인집 손님들이 신랑과 함께 있을 동안에 슬퍼할 수 있느냐 그러나 신랑을 빼앗길 날이 이르리니 그 때에는 금식할 것이니라 마 9:15

부활 때에는 장가도 아니 가고 시집도 아니 가고 하늘에 있는 천사들과 같으니라 마 22:30

신부를 취하는 자는 신랑이나 서서 신랑의 음성을 듣는 친구가 크게 기뻐하나니 나는 이러한 기쁨으로 충만하였노라 요 3:29

내가 하나님의 열심으로 너희를 위하여 열심을 내노니 내가 너희를 정결한 처녀로 한 남편인 그리스도께 드리려고 중매함이로다 그러나 나는 고후 11:2

우리가 즐거워하고 크게 기뻐하며 그에게 영광을 돌리세 어린 양의 혼인 기약이 이르렀고 그의 아내가 자신을 준비하였으므로 그에게 빛나고 깨끗한 세마포 옷을 입도록 허락하셨으니 이 세마포 옷은 성도들의 옳은 행실이로다 하더라 천사가 내게 말하기를 기록하라 어린 양의 혼인 잔치에 청함을 받은 자들은 복이 있도다 하고 또 내게 말하되 이것은 하나님의 참되신 말씀이라 하기로 계 19:7-9

또 내가 보매 거룩한 성 새 예루살렘이 하나님께로부터 하늘에서 내려오니 그 준비한 것이 신부가 남편을 위하여 단장한 것 같더라 계 21:2

일곱 대접을 가지고 마지막 일곱 재앙을 담은 일곱 천사 중 하나가 나아와서 내게 말하여 이르되 이리 오라 내가 신부 곧 어린 양의 아내를 네게 보이리라 하고 계 21:9

2. 그리스도와 교회의 결혼을 볼 수 있는 성경

NO	내 용	성 경
1	아담과 하와	창 2:18-25
2	아브라함과 사라	창 11:29-30
3	이삭과 리브가	창 24:67
4	야곱과 레아와 라헬	창 29:21-30
5	요셉과 아스낫(이방교회의 표상)	창 41:45
6	유다와 다말(이방교회의 표상)	창 38:12-30
7	살몬과 라합(이방교회의 표상)	마 1:5
8	보아스와 룻(이방교회의 표상)	룻기
9	다윗과 밧세바	삼하 12:24
10	솔로몬과 술람미 여인	아가서
비유와 표적(신약)		
1	가나 혼인 잔치	요 2:1-12
2	혼인 잔치 비유	마 22:1-14
3	열 처녀 비유	마 25:1-13
4	신랑을 기다리는 신부	눅 12:35-40
5	은혜와의 결혼	고전 7:1-40
6	머리와 몸	고전 11:1-16
7	남편과 아내	엡 5:22-33
8	어린양의 혼인 잔치	계 19:1-10
9	어린양과 신부 새 예루살렘 성	계 21장
10	땅의 그림자 결혼이 끝나고 부활 후 실제 결혼으로의 전환 (눅 20:34-35)	
11	기타	

부 록
Addendum

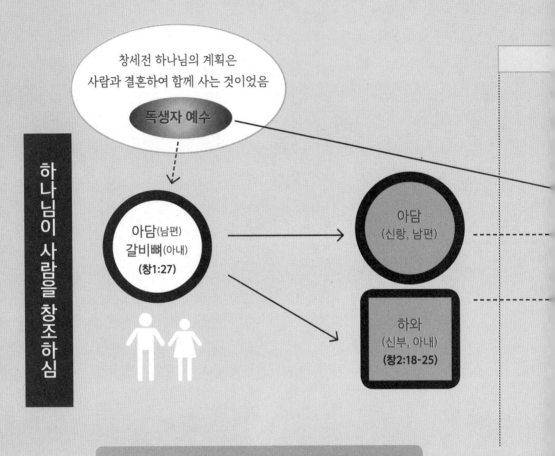

하나님이 사람을 창조하심

창세전 하나님의 계획은
사람과 결혼하여 함께 사는 것이었음

독생자 예수

아담(남편)
갈비뼈(아내)

(창1:27)

아담
(신랑, 남편)

하와
(신부, 아내)

(창2:18-25)

하나님의 영원한 갈망인 신부가 에덴동산에 그림자로 나타남

태초에 하나님은 천지와 그안에 만물을 창조 하셨다. 그리고 그 모든 만물을 각각 형체를 따라 기쁨가운데 지으신 주님은 마지막으로 당신의 형상을 따라 아담과 하와를 지으셨다. (창 1-2장) 사람의 시작은 이렇게 부부로부터 출발되었다. 하나님은 에덴동산에 그림자 부부를 두시면서 실제 영적인 부부인 그리스도와 교회의 관계를 표현하고 싶으셨다. 따라서 그림 자 부부를 보면서 실제 부부를 보게 되고 하나님의 갈망이 무엇인지 알수 있게 하셨다. 영 원전 어느때 하나님은 품속에 있던 아들을 낳으셨다. 그리고 홀로거하시는 것이 보기 좋지 않아서 그의 돕는 배필인 교회를 얻기를 원하셨다. 그 계획을 에덴의 부부를 통하여 계시하 고 싶으셨다.(요17:11,22)

1장 도표 하나님의 영원한 목적인 결혼

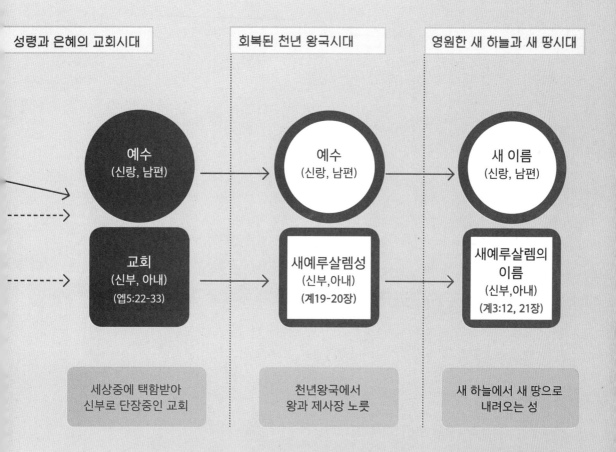

성령과 은혜의 교회시대	회복된 천년 왕국시대	영원한 새 하늘과 새 땅시대
예수 (신랑, 남편)	예수 (신랑, 남편)	새 이름 (신랑, 남편)
교회 (신부, 아내) (엡5:22-33)	새예루살렘성 (신부,아내) (계19-20장)	새예루살렘의 이름 (신부,아내) (계3:12, 21장)
세상중에 택함받아 신부로 단장중인 교회	천년왕국에서 왕과 제사장 노릇	새 하늘에서 새 땅으로 내려오는 성

첫 아담은 오실자 둘째 아담의 표상이었다. 때가 되므로 주님은 실제의 결혼을 위해서 이 땅에 오셨으며 하나님께서 아담의 옆구리 갈비뼈로 하와를 만들어 둘이 한 몸이 되게 한것과 같이 예수님의 옆구리 살과 피로 만들어진 것이 교회이다. 따라서 그리스도는 교회의 머리이시고 교회는 그의 몸이 된다. 영적으로 실제한 몸되는 연합이 이루어졌지만 신부의 혼(마음)은 아직 온전치 못하기에 성령께서 온전한 신부로 단장하고 계신다. 그리고 온전한 신부가 된 교회는 신랑을 기다린다(엡5:22-33, 고후11:2,) .

교회시대 동안에 성령의 도우심으로 일찍이 신부로 단장이 되어진 자들은 신랑이신 예수님과 함께 혼인식을 하게된다(계19:1-8). 그리고 천년왕국에서 백성들을 상대로 왕과 제사장 역할을 하게된다(계20:4-6) .
이들은 머리이신 신랑예수와 함께 하나된 자들이며 그에게 붙은자들이다. 은혜시대에 잠시 죄악의 낙을 포기하고 예수님의 복음과 함께 수고한 자들이다.

천년왕국이 끝이나면 처음하늘과 처음 땅이 없어지고 새 하늘과 새 땅이 있게 된다. 그때 신부의 도성인 하늘의 새 예루살렘이 최종적으로 완성이 되어 하늘에서 땅으로 내려오게 되어 영원히 사람과 함께 있게 된다(계21:1-7). 창세기에서 그림자 결혼이 있고 신약에 영적인 실제의 결혼이 있으며 계시록에 영원한 실제의 결혼이 있다. 창조의 결론, 교회의 결론, 하나님의 경륜의 목적의 결론이다.

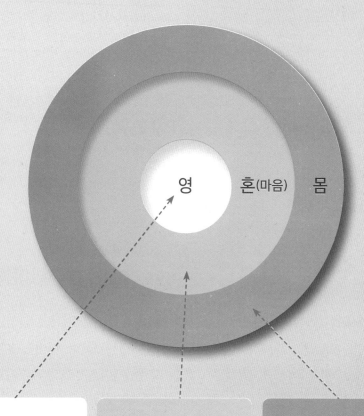

영   혼(마음)   몸

영 구원(became)

믿을 때 마음 가운데 생명의
영이 임마누엘 하셔서 사람의
영이 살아나고 하나를 이룸
(골3:3, 1:13, 요5:24, 갈4:6)

다시는 떨어지지 않음
(롬8:31-39, 요14:16-17)

징계는 받아도 영은 구원
(고전3:15, 고전5:5, 벧전4:5)

혼의 구원(~ing)

거듭났지만 마음의 구원을 이
루어야함
(벧전1:9, 살전5:23, 벧후3:18,
히4:12, 5:12-6:2)

영을 따라 혼은 계속 성화됨
(자람, 회복) (엡4장, 벧전2:2,
고후7:1)

몸의 구원(will)

몸의 구원은 혼의 성숙함을
따라 행한 열매를 따라 각각
해와 달과 별같은 영광으로
부활을 할 것임
(고전15:40-58,계20:4-6)

개인이 부활의 몸을 입고 주
와 한 몸을 이루는 대 우주적
인 몸의 부활을 입음

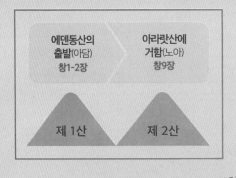

에덴동산의 출발(아담) 창1-2장	아라랏산에 거함(노아) 창9장
제 1산	제 2산

왕, 신부, 장자권의 자격 노선

신부의 이상을 보는 자들

하나님과 모세가 40일동안 구름 속 여호와의 영광 안에서 교통함으로 십계명과 성막을 받음 출24:12-18	하나님이 이상 중에 에스겔을 크고 높은 산위로 데려가 예루살렘성의 이상을 보임 겔40:2	말씀이 육신이 되신 예수님이 산위에 앉으셔서 하늘 신부가 맺어야 할 열매인 산상수훈을 말씀하심 마5:1,5-7장

육에 속한 영적 단계들

제 3 산	제 4 산	제 5 산

각 산의 내용들

산 위는 하나님과 교통하는 장소로서 그의 영광 안에서 하나님의 나라와 신랑과 신부에

여자아이가 금방 태어나서 시집을 갈 수 없듯이 영적으로도 거듭 났다 해서 바로 결혼 할 수 없다. 물론 영 안에서는 하나가 되었지 만...계시록 19장에 나오는 어린양의 혼인식에는 들어갈 수가 없다. 이러한 일들을 이스라엘이 애굽에서 나와 가나안을 가는 여정을 통해서 그림을 본다. 그들이 애굽에서 유월절을 통하여 영적인 구원 을 받고 홍해를 건너 광야를 지난다. 많은 고난의 과정을 거치면서 도 아직 하나님 나라의 조망과 하나님의 영원한 계획인 신부를 보지 못한다. 백성들의 영계는 하나님의 뜻을 알지 못하고 날마다 다툰 다.

그들이 시내산에 이르러 모세는 하나님의 부름을 받아 구름으로 가 리어진 시내산 꼭대기로 인도를 받았다. 그곳에서 40일 동안을 금 식하며 하나님과 교통하므로 성막과 십계명을 계시 받는다. 이는 구름 속에 여호와의 영광이 충만한 곳인 높은 산 위에서 그의 이상 을 보게 된다. 그러나 산 아래 있는 영계는 여전히 애굽인 세상과 하 나다. 금송아지를 신으로 만든 것과 같이 하나님의 뜻을 만들어 가 는 사람들이다. 이들에게는 신부의 영광이 가리어져 볼 수가 없다. 오늘날 성도도 동일한 원칙을 갖는다.(높은 산과 그의 영광 안에서)

높은 산위에서 이상중에 성전이 높이 들려 세워질것을 보여주심

시내산 꼭대기에서 모세와 함께 계시면서 말씀하시던 하나님이 육신이 되어 사람들과 함께 계시는 장면이다. 주님은 사람들과 함께 산 위에 앉으셨다. 그리고 신부인 천국백성들이 지켜야할 왕국의 법을 선포하셨다. 그 법은 죄인은 지킬 수가 없으며 오직 하나님과 하나를 이룬 자들에게 지켜지는 높은 계명이다(마5-7 장, 요14:21). 주님이 어떠한 말씀을 하시면 그 장소마저도 의미 가 깊다. 주님은 하늘의 높은 계명을 높은 산 위에서 전파하셨다. 이는 우리가 영적으로 하늘의 보좌세계의 단계로 이르는 것이 다. 그리고 신부로서 신랑의 영광 안에 들어가려면 영 안에서 높 은 산 위에 머물러 있어야 한다는 의미이다.

그곳에서 신랑과 신부의 영광된 이상을 볼 수가 있다. 사실 산상 수훈은 높은 계명이다. 그 계명이 지켜진 다는 것은 주님이 함께 하시고 계신 증거이다.

우리가 알듯이 산상수훈은 하나님의 열매이며 사랑의 열매이다. 사랑은 새 계명이고 시내산에서 받은 십계명의 종합이다. 그러 므로 십계명이 지켜진다는 것은 사랑하는 것이고 사랑하는 것은 사랑이신 하나님이 함께 하신 증거이다. 그리고 신랑이 영 안에 함께 하시고 계신 증거가 된다. 이것이 신부로 단장된 것이다.

6장 도표 신부의 영광을 보기위한 이상의 체험들

왕, 신부, 장자권의 자격 노선

예수님이 사랑하는 세 제자를 높은 산으로 데리고 왕과 신랑으로 오시는 모습을 보이심 마17:1	신랑을 만나기 위해 자격을 갖춘 신부가 어린 양과 함께 하늘 시온산에 서서 새 노래를 부름 계14:1-5	천년왕국 때는 땅의 예루살렘성도 큰 지진과 함께 땅이 높이 솟아 산 위로 들려 올려 짐 사2:2-3, 슥14:8-10, 미4:2	성령께서 사도요한을 크고 높은 산 위로 이끌어 하늘에서 내려오는 어린양의 신부인 새 예루살렘 성을 보이심 계21:9-11
제 6 산	제 7 산	제 8 산	제 9 산

…대한 이상을 보고 받는다. 산 아래는 금송아지를 만들고 섬기는 육적인 신앙을 의미하고 신부가 될 수 없다.

제자를 높은 산으로 데려가 신랑으로 오시는것을 보이심

신약시대에 이긴 자들과 구약시대의 이긴 자들이 하늘의 시온산에 어린양과 함께 서있는 장면이다. 하늘에 등록된 장자들의 총회와 사단과 세상을 이긴 수많은 무리들이 높이 들려 있다. 하나님은 시대마다 이긴 자들을 얻으셨다. 그리고 신앙에 진자들은 그 신앙에 합당한 대우를 하셨다. 지난 역사에 그렇게 하셨듯이 교회시대에 승리한 무리들과 패배의 무리들을 가르실 것이다. 오늘의 주님을 섬기는 삶이 하늘 시온산에 영계에 이르도록 우리는 깨어 있어야 한다.

구약성경을 보면 장자권자들이 기록되어 있다. 어떤 이는 장자로 났으나 장자권을 빼앗기고 어떤 이는 차자로 났으나 장자권을 얻는 믿음의 사람들이 있다.

신약에 있는 우리는 이미 장자이신 그리스도의 영을 받았다. 따라서 신약의 믿는 이들은 장자권을 가지고 태어난다. 그러나 오늘날 수많은 사람이 에서처럼 먹고 사는 문제로 빼앗기고, 르우벤처럼 음행으로 장자권을 빼앗긴다. 장자권을 경홀히 여기는 것은 망령된 자이다. 우리에게 주어진 수한 동안 신부로 잘 단장되어 높은 시온산에 서는 승리자가 되는 것이 최상의 삶이다.

천년왕국 때가 되면 에스겔 성전이 높은 산위에 서게 된다. 주 예수님이 다윗의 위에 앉으셔서 통치하실 왕국이다. 아마도 주님이 감람산에 강림하실 때 큰 지진이 있는데 그 때 성전의 땅이 높이 솟아게 된다.

하늘 예루살렘도 하늘 높이 있는 것과 같이 땅의 예루살렘성도 그렇게 된다. 그 때 주와 함께 왕 노릇하는 자들이 신부이다. 그리고 그들이 왕 노릇 하면서 제사장의 역할을 감당할 것인데 자기의 통치 영역 안에 있는 백성들의 어떠함을 왕이신 주님께로 가져갈 것이고 왕의 응답을 자기백성에게로 전할 것이다. 따라서 승리한 이긴 종들이 그 성을 왕래하게 된다.

하나님의 영원한 계획의 완성인 새 예루살렘 성즉, 어린양의 신부요, 아내를 보이실 때 사도요한을 크고 높은 산 위로 이끄셨다. 새 예루살렘 성이 하늘에서 내려오는 것을 땅에서도 보이실 수가 있는데 하나님께서는 그리하지 않으셨다. 이는 새 예루살렘 성의 영계요, 신랑과 한 몸을 이룰 수 있는 신부는 크고 높은 산 위의 영계여야 함을 의미한다.

주님은 베드로에게 "네가 이 사람들보다 나를 더 사랑하느냐?"라고 물으셨다. 그렇다 우리는 어떤 사람들 같아서는 안된다. 영안에서 우리는 어떤 사람들같이 평범해서는 안된다. 주님은 더욱 뛰어난 영을 지니기를 원하신다. 그것은 많은 사람들 중에서 자기의 신부를 얻기를 원하심이다. 우리의 육신은 비록 땅에 거하지만 우리의 영은 하늘의 시온산에 있고 시내산 꼭대기에 하나님의 영광아래 머물러 있어야 한다.

우리는 신부로 단장되기 위해 항상 산 위에 있어야 함을 배워야 한다.

할렐루야~

진행단계		10 계명 출20:1-17	2 계명 막12:30-31

하나님과 나와의 관계

하나님과 하나되기 위한 계명 1~4

제1계명　너는 나 외에 다른 신들을 네게 있게 말찌니라

제2계명　너를 위하여 새긴 우상을 만들지 말고 또 위로 하늘에 있는 것이나 아래로 땅에 있는 것이나 땅아래 물속에 있는 것의 아무 형상이든지 만들지 말며 그것들에게 절하지 말며 그것들을 섬기지 말라 나 여호와 너의 하나님은 질투하는 하나님인즉 나를 미워하는 자의 죄를 갚되 아비로부터 아들에게로 삼사대까지 이르게 하거니와 나를 사랑하고 내 계명을 지키는 자에게는 천대까지 은혜를 베푸느니라

제3계명　너는 너의 하나님 여호와의 이름을 망령되이 일컫지 말라 나 여호와는 나의 이름을 망령되이 일컫는 자를 죄없다 하지 아니하리라

제4계명　안식일을 기억하여 거룩히 지키라 엿새동안은 힘써 네 모든 일을 행할 것이나 제 칠일은 너의 하나님 여호와의 안식일인즉 너나 네 아들이나 네 딸이나 네 남종이나 네 여종이나 네 육축이나 네 문안에 유하는 객이라도 아무 일도 하지 말라 이는 엿새 동안에 나 여호와가 하늘과 땅과 바다와 그 가운데 모든 것을 만들고 제 칠일에 쉬었음이라 그러므로 나 여호와가 안식일을 복되게 하여 그날을 거룩하게 하였느니라

첫째 계명

네 마음을 다하고 목숨을 다하고 뜻을 다하고 힘을 다하여 주 너의 하나님을 사랑하라 하신 것이요

영과 구전으로 전해짐 **족장시대**	**십계명** 출 20:1-17	성문화된 율법 **율법과 선지자 시대**	**두계명으로 함축된 십계명** 막 12:30-31	율법을 정리해줌 **신랑시대**

이웃과 나와의 관계

사람과 하나되기 위한 계명 5~10

제5계명　네 부모를 공경하라 그리하면 너의 하나님 나 여호와가 네게 준 땅에서 네 생명이 길리라

제6계명　살인하지 말찌니라

제7계명　간음하지 말찌니라

제8계명　도적질 하지 말찌니라

제9계명　네 이웃에 대하여 거짓증거하지 말찌니라

제10계명　네 이웃의 집을 탐내지 말찌니라 네 이웃의 아내나 그의 남종이나 그의 여종이나 그의 소나 그의 나귀나 무릇 네 이웃의 소유를 탐내지 말찌니라

둘째 계명

네 이웃을 네 몸과 같이 사랑하라 하신 것이라 이에서 더 큰 계명이 없느니라

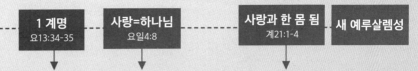

출 20:1-17, 막 12:28-34, 요 13:34-35

| 1 계명 요13:34-35 | 사랑=하나님 요일4:8 | | 사랑과 한 몸 됨 계21:1-4 | 새 예루살렘성 |

믿음으로 예수님(말씀)과 한몸된 사랑안에서 모든 율법이 폐해지고 성령안에서 1-4 계명이 지켜지니 사랑이신 하나님과 하나됨이라(요일4:8). 이는 신랑이신 어린 양과 하나됨이며 신부의 도성에 들어갈 자격이 되고 주의 거룩과 사랑하심의 어떠하심같이 자기도 그러하여 새 예루살렘 성을 이루는 자가 됨이라(마5:48, 레19:2, 요 14:21).
또한주가내안에,내가주안에 거하는 연합이다(요14:17,23, 17:21-23).

죄인인 사람이 할수 없는 것을 하나님은 할수 있음
마 19:26

죄사함 받고 부활의 생명으로 거듭난자는 하나님과 하나된 것
요 1:12

천년왕국 시대

1. 창세전 하나님의 계획이 완성됨
2. 어린양의 신부, 곧 아내를 완성
3. 신랑예수와 아내인 새 예루살렘 성인 대 우주적 한몸을 이루게 됨
4. 성경에 나타난 하나님의 경륜이 완성됨(창2:18-25→계21-22장)
5. 주님의 신부인 교회가 뱀의 성분, 즉 땅의 어떠함을 모두 처리받고 하늘 성분인 말씀(하나님)으로 하나되어 보석 궁전이 완성됨
6. 주와 함께한 사랑으로 계명을 완성하는 단계(사랑으로 주와 하나되고 주와 하나된자들과 하나됨)

사랑은 이웃에게 악을 행치 아니하나니 사랑은 율법의 완성이니라
(롬13:10)

우리를 거스르고 우리를 대적하는 의문에 쓴 증서를 도말하시고 제하여 버리사 십자가에 못박으시고 정사와 권세를 벗어버려 밝히 드러내시고 십자가로 승리하셨느니라
(골2:14-15)

그리스도안에서 사랑으로 주와 함께 1-4 계명을 이룬자들이 5-10계명이 사랑으로 이루어 진다. 이는 결혼의 측면에서 신랑을 돕는 배필로 지음받은 교회가 세상을 구원하는 신랑(예수님)의 일을 아내(교회)가 사랑으로 순종하여 섬기는 일이다. 그 일로 주와 하나된 성도들과 하나가 되어 주님의 신부인 거룩한 도성, 새예루살렘성으로 지어져 간다. 이는 주님의 사랑으로 이웃을 사랑하는 5-10계명을 이루는 일이며 성도와 성도가 연합하여 한성을 이루는 비밀이다
(시133편,엡2:20-22, 요17:22)

1-4 계명은 신랑이신 예수님과 한 몸을 이루는 계명이고
5-10 계명은 신랑을 돕는 배필로서의 계명이다
신랑예수님의 일은 세상을 구원하여 거룩과 사랑안에서
하나되는 신부를 만드는 일이다(요17:19-23).

사랑은 언제나

사랑이 무엇이냐고 묻는다면 우리는 하나님이라고 답할수 있다(요일4:8).
반대로 하나님이 어떤분이냐고 물어도 그분은 사랑이시라고 답할수 있다.
그러나 사랑을 어떻게 하는냐고 묻는다면 쉽게는 하나님과 하나되어
그분의 사랑으로 사랑하는 것이라 할 것이다. 그러나 더 구체적으로 십계명과 고전13장 본문의
사랑내용을 가지고 설명해 본다면 더욱 분명해 진다.
먼저 1-4계명은 첫계명으로 하나님에 대한 계명이고 5-10계명은 나와 이웃과의 관계를 담은 계명임을
알고 가자. 따라서 사랑은 하나님의 언약에 대하여 오래참고 사람에 대하여 오래참는 것이다.
또한 하나님앞에 온유하며 사람에게도 온유하고, 하나님앞에 교만하지 말고
사람에게도 교만하지 않는 것이 하나님을 사랑하고 이웃을 사랑하는 것이다.
그리고 하나님앞에서나 사람에게 무례하지 않으며 성내지도 않고 악한 것을 생각지 않는 사람이
사랑하는 사람이고 말씀이신 하나님과 사랑으로 하나된 표적을 가진 사람이다.
그리고 진리이신 하나님을 기뻐하고 진리의 형제들과 함께 하며
하나님과 사람앞에 불의를 행치도 않고 좋아 하지도 않는 것이다.
이렇게 하는 것이 위로는 하나님을 사랑하여 1-4계명을 이루는 것이고 아래로는
형제에게 그렇게 하는 것이 이웃을 사랑하여 5-10계명을 이루는 것이다.
그러나 육신에 속하고 죄와 율법아래에서는 절대로 십계명을 이룰수가 없으니
이는 죄인이 하나님과 하나를 이룰수 없는 것과 같고 혈과 육은
하나님의 나라를 유업으로 받지 못하는 것과 같은 것이다.
결론적으로 죄사함 받고 성령안에서 새 계명인 사랑이 이루어 지는 것이고
사랑하는 자는 하나님과 한몸을 이루고 있는 증거를 가진 것이다.
이러한 삶이 세상에 빛이고 신부로 단장된 사람이다.

요일 3:13-5:3

7장 도표 십계명을 통한 하나님의 영원한 경륜

출 20:1-17, 막 12:28-34, 요 13:34-35

두계명으로 본 성경의 맥

두 계명	성막측면	성령역사측면	은사측면	마25장측면	양식측면	결혼측면	새예루살렘 성건축측면
1-4계명	들어가며 복	내적생명(생수)	갈5:22-23	열처녀비유	요6장 살,피	신랑과한몸	본질적인 면
5-10계명	나가며 복	내적권능(기름)	고전12:8-11	달란트비유	요4장 전도	돕는배필	양적인 면

(십계명)

이 단락은 성경의 두방면의 역사를 중심으로 그려 놓았기에
주제마다 별도로 공부해야 되며 범위가 성경의 전체를 담고 있기에 맥을 아는 것이 중요함

결혼의 측면에서 본 십계명

결혼의 진행 계획(영) → 그림자(육) → 실제(영)	창세전 하나님의 가정계획 (엡1:1-14)	아담과 하와의 결혼 (그림자) (창2:18-25)	실제 신랑이신 예수님과 영적인 결혼 (엡5:22-30)	어린양과의 실제의 결혼과 생활 (계21-22장)

결혼의 측면에서 십계명은 신랑과 신부가 행복하게 영생하도록 사는 부부계명임
(하나님나라 가정의 계명이고 천국의 왕과 백성간의 계명이고 계약임)

왕과 백성의 십계명

제1계명 너는 나외에는 다른 신들을 네게 있게
말찌니라

제2계명 너를 위하여 새긴 우상을 만들지 말라

제3계명 너는 너의 하나님 여호와의 이름을
망령되이 일컫지 말라

제4계명 안식일을 기억하여 거룩히 지키라

제5계명 5계명에서 10계명은 땅에서 하나님의
백성들간의 계명이다.
(땅에서 하나님의 백성들이 하나님의 계명
대로 6계명을 잘 지키면 서로 사랑하게 되고
행복해 지므로 왕이신 하나님의 통치에 찬
양하게 된다. 이 계명을 지키므로 백성들이
하나님 안에서 하나를 이루고 장래 새 예루
살렘성 즉, 하나님과 함께 사는 대 우주적인
나라를 이루게 된다).

천국 부부의 십계명

제1계명 너는 나외에는 다른 남편을 두지 말라

제2계명 너를 위하여 새긴 우상(형상)을 만들지 말 것은
당신은 나와 한몸으로 나와 한 형상으로
족하므로 다른 남자와 하나되지 말고 그를
섬기거나 순종치 말라(당신의 신랑이요,
남편인 나는 질투 한다).

제3계명 나의 이름은 당신의 머리요, 주인의 이름이니
그이름을 거룩히 여기고 존중히 하라
그 이름이 너와하나된 영광의 이름이라

제4계명 너는 너의 남편인 내가 주는 안식과 평안에
거하고 내품에서 행복하라(나는 너의 행복이
요, 기쁨이니 다른 자의 안식과 행복을
구하지 말라)

제5계명 5-10계명은 돕는 배필로서의 계명이다.
여자는 남자를 돕는 배필로 지음받았으니
신랑예수님이 하는일이 세상을 구원하여
그 형상 회복하는 일이다.

후파 huppa에 대하여

유대인의 결혼풍습은 그리스도와 교회의 결혼에 대한 내용을 담아 전승해
오고 있습니다. 유대인들은 결혼식을 할 때 주로 사람들이나 어린 아이들이
많이 있는 넓은 광장 곧 동서사방이 열려 있는 곳에서 한다고 합니다. 많은
어린 아이들은 다산의 상징이고 많은 사람들은 자신의 결혼이 축복됨의 의
미를 가진다고 합니다. 결혼식은 후파에서 하게 되는데 후파는 네 개의 기둥
을 사방으로 당겨 세우고 위는 덮어져 있고 사방은 열려져 있습니다.
사방이 열려져 있는 후파는 정사각형으로 성막의 지성소와 어린 양의 신부
인 새예루살렘성을 의미합니다. 후파의 네 방향이 열린 것은 오늘날 교회와
새예루살렘성은 사방 곧 이 세상의 모든 사람들 가운데서 선택되어져 나온
성도들을 의미합니다.

네거리 길에 가서 사람을 만나는 대로 혼인 잔치에 청하여 오라 한대 종들이
길에 나가 악한 자나 선한 자나 만나는 대로 모두 데려오니 혼인 잔치에 손
님들이 가득한지라 마 22:9-10

그가 큰 나팔소리와 함께 천사들을 보내리니 그들이 그의 택하신 자들을 하
늘 이 끝에서 저 끝까지 사방에서 모으리라 마 24:31